政府立法共同性问题研究

ZHENGFU LIFA GONGTONGXING WENTI YANJIU

主编 李明征　副主编 李富成

中国法制出版社
CHINA LEGAL PUBLISHING HOUSE

加强政府立法共同性问题研究
不断提高政府立法质量
（代序）

2011 年 3 月 10 日召开的十一届全国人大四次会议郑重宣布中国特色社会主义法律体系已如期形成，这标志着我国国家和社会生活的各方面总体上实现了有法可依。但是，面对社会转型时期广泛而深刻的变革，我国立法工作仍然面临一系列新的繁重而艰巨的挑战，如何推动中国特色社会主义法律体系进一步发展和完善，是摆在我们面前的重大课题。2014 年 10 月党的十八届四中全会召开，会议通过了《中共中央关于全面推进依法治国若干重大问题的决定》(以下简称《决定》)。《决定》提出“法律是治国之重器，良法是善治之前提。建设中国特色社会主义法治体系，必须坚持立法先行，发挥立法的引领和推动作用，抓住立法质量这个关键”。党的十九大报告明确提出：“推进科学立法、民主立法、依法立法，以良法促进发展、保障善治。”可见，我国立法已进入从“求量”向“求质”转变的“精工细作时代”，提高立法质量是新时代党加强全面依法治国工作布局下对立法工作提出的新要求。

一、加强政府立法共同性问题研究的现实意义

政府立法在我国社会主义法律体系和科学立法工作中具有重要地位，提高立法质量要求不断提高政府立法质量。当前我国政府立法还存在一系列亟需解决的问题，如政府立法系统化、精细化程度有待进一步加强，政府立法公众参与的广度和深度不够，政府立法用语技术规范化水平有待进一步提高，等等。这要求我们不断总结实践经验，探索并逐渐形成对政府立法的规律性认识。政府立法共同性问题研究以在政府立法过程中具有共性的问题为研究对象，一方面是对政府立法既有经验、规律进行总结，另一方面发现、分析政府立法中存在的问题，提出解决问题的思路和方案，是研究政府立法规律的有效途径，对于总结立法规律、降低立法成本、提高立法效率、夯实立法基础具有重要作用。具体来讲，主要表现为以下几个方面：

一是促进政府立法科学化。科学立法，要求立法过程中必须以符合法律所调整的客观规律作为价值判断，并使法律规范严格地与其规制的事项保持最大限度的和谐，法律的制定过程尽可能满足法律赖以存在的内外条件。比如，通过对实施条例类行政法规规定内容的规范化，解决目前存在的重复上位法内容过多、有效衔接不够、与法律解释界限不清、细化标准模糊等问题，增强法律体系的自洽性。

二是增强立法者在制度设计时注重公众参与的自觉性。建立充分反映民意、广泛集中民智的立法机制，拓展人民群众有序参与立法的渠道，是立法的重要课题。《关于提高公众参与行政立法有效性的思

考》等就是从不同主体的角度对在立法中如何加强公众参与的研究和探讨。

三是促进政府立法技术规范化。立法活动需要有各方面共同遵循的立法技术及其规范，这样才能保证立法质量。对立法技术规范的研究范围主要涵盖法的结构、形式、文体、修改和废止等方面的规则，核心是要求制度设计科学、文字表达准确，如体例严谨、用词规范等。我们对法律废止行政法规问题的研究，以及各法律用语词汇的研究，都是为了使政府立法更加符合立法技术规范化的要求，从而使立法更能体现党和国家政策的要求，更能反映经济社会发展的规律。

二、政府立法共同性问题研究的经验总结

在研究过程中，我们积累了一些研究经验，提炼出一些能够指导政府立法的共性方法。

（一）旗帜鲜明，坚持正确的指导原则

一是坚持党的领导原则。党的领导是中国特色社会主义最本质的特征，是社会主义法治最根本的保证。在政府立法共同性问题研究过程中，必须认真贯彻党的路线方针和决策部署，研究成果应当积极体现党的最新政策精神。

二是坚持法治原则。遵循法治原则，最根本的是要遵循宪法原则。宪法是国家的根本大法，具有最高的法律效力，一切法律、法规、规章和其他规范性文件都不得同宪法相抵触。在政府立法共同性问题研

究过程中，要始终坚持以宪法原则和具体规定为指导，确保研究成果符合宪法的要求。其次是要符合立法权限原则。立法法对我国各层级立法的权限做了规定，这要求在政府立法共同性问题研究过程中，必须以立法法等相关法律的规定为指导，避免出现超越立法权限的情况。如我们在研究实施类行政法规应该规定什么内容的时候，始终坚持法治原则，严格遵守宪法和立法法的规定，遵循法律保留、权限法定等原则，明确实施类行政法规不能规定法律予以保留的立法事项。再次是坚持法制统一原则。这要求各层级法律规范之间要相互协调、和谐，低位阶的法律不得与高位阶的法律相抵触、相冲突、相矛盾。在研究实施类行政法规应该规定什么内容时，我们明确将不超越国务院的立法权限，且不违反上位法规定作为基本原则。

三是坚持服务改革的原则。当前，我国正处于全面建成小康社会的关键阶段，各方面改革将持续深入，在政府立法共同性问题研究过程中，应当秉持立法为改革保驾护航的原则，剔除或者扭转那些不符合改革方向的做法，多研究提出一些有利于增强改革动力、夯实改革举措、提升改革质量的实招、良策。如我们在《关于完善备案设定规则研究情况的报告》时，按照“放管服”改革的要求，提出了严格备案的设定，明确备案的程序和信息公开等，避免备案变成变相许可的建议。

（二）对症下药，有针对性地开展研究

政府立法共同性问题主要包含三类：立法原则问题、具体制度设计问题和语言规范问题。根据这三类问题各自的特点，我们有针对性

地开展了研究。

一是立法原则问题。立法原则直接决定了法律的基本性质、内容和价值取向，是法律精神的最集中体现，构成了整个立法的灵魂。党的十九大报告指出，当前社会的主要矛盾已经转化为人民日益增长的美好生活需要和不平衡不充分的发展之间的矛盾。人民美好生活需要日益广泛，不仅对物质文化提出了更高的要求，而且在民主、法治、公平、正义、安全、环境等方面的要求也日益增长。从法治角度看，表明人们对立法的要求不再满足于有没有法律，更为关键的是法律好不好、受不受用、能不能解决实际问题。因此，在研究政府立法的原则问题时，如何突出民主、法治、公平、正义等价值，回应人民群众的新期待，体现以人民为中心的立法理念就是我们研究的重点。比如在《如何论证制度建设的必要性》中，我们就按照“解决实践中无法可依的问题”“适应全面深化改革的要求”“保护社会公众和当事人合法权益”“加强制度权威性和执行力”的基本标准，对制度建设的必要性进行了论证。

二是具体制度设计问题。具体制度就像骨骼，有力地支撑着一部法律，具体制度是否科学严谨直接关系到一部法律规范的有效性和可操作性。针对具体制度所具备的特点，我们按照精准、协调、有效的标准，对具体制度进行了研究。“精准”要求各项法律制度中的权利（力）、义务（职责）、责任都必须十分具体明确。从法律条款构成要素角度来讲，则要求“假设”“情形”“后果”或者“情形”“后果”十分精确。比如我们在《行政法规援引上位法法律责任问题研究》中就严格按照法律责任主体、行为、情形、责任幅度明确的原则进行制度设计。“协调”要求法律各项制度不能出现相互打架的情形，制度之间应当衔接妥当，保证法律内在逻辑的一致性。比如在《行政立法中法律责任设定问题研究》中就系统探讨了各项法律责任如何有效衔接的问题。“有效”则强调法律各项制度在实际中运行的效果，这要求制度的设计必须符合实际情况、遵循客观规律，具备可操作性，不能追求看上去很好看，却不管用的“盆景式”制度。

三是语言规范问题。立法语言是构成法律的“细胞”，关系到立法表述是否科学、准确、规范、专业。如果文字使用存在模糊、用词不规范或口语化等问题，很容易使法律规范产生歧义，不但会导致立法质量大打折扣，也会影响法律的实施效果，影响法律的权威和尊严。我们的研究目的就是要保证立法语言符合准确、精炼、平易、严谨的要求。“准确”要求立法语言不可模棱两可，既不能无限扩大相关词语的内涵，也不能无限限缩某一词语的含义，应符合最广大群众的共同理解。比如我们对“督察”与“督查”二字的研究，从词义考证、实践用法多角度考证此二词语的内涵，力求准确。“精炼”要求立法语言必须言简意赅，使之不能增减其义，改动其名。“平易”要求立法语言应当尽量通俗、平实，便于掌握。“严谨”则意味着立法语言的不可替代性，当某个法律术语确定后，下次再描述该事物时，应使用确定下来的术语。

（三）总结规律，创新研究方法

科学的研究方法能够使我们的工作事半功倍。在我们研究的过程中，主要采用以下研究方法：一是定量分析法。针对所研究的问题，我们会选取一个或几个关键词在数据库中进行搜索，通过文本收集，对当前立法实践进行摸底。在此基础上，我们会选取有关参数采用定量分析的方法对基础数据进行分析研判。比如《关于规范罚款设定幅度问题的研究报告》中，我们通过对截至2011年12月31日有效的714部行政法规中设定的罚款的比重和次数、设定的变化趋势、设定方式、设定幅度进行统计分析，从而对规范罚款设定幅度提出研究建议。二是文献研究法。针对所研究的问题，我们会通过搜集相关问题的文献，充分了解不同的观点，比较它们之间的异同，分析它们的可取之处与不足，逐步得出我们认为科学合理的结论。三是比较研究法。针对同一问题，进行不同地区、不同国家之间的相互比较，然后从实际出发，借鉴有益经验。四是调查研究法。主要包括书面调研和实地调研，通过广泛听取不同意见，集思广益，不断完善我们的研究成果，使之科学合理。

三、政府立法共同性问题研究的努力方向

研究过程中，我们也面临着一些实际困难：一是目前市场上还不存在完整而可靠的权威法律法规数据库，这既对研究工作造成极大不便，也对公众获知法律法规信息造成困扰。二是目前还没有专业的数据收集整理工具，对海量数据只能靠人工一件一件地去处理法律法规及其具体条文，有待开发新的高效工具。三是如何加强对研究成果的转化运用。仅有研究成果尚不足够，在立法实践中，如何加大对政府立法共同性问题研究成果的应用，使研究成果能够切实发挥对立法的

指导作用，从而达到提高政府立法质量的目的，也是我们一直思考的问题。

此次我们将原国务院法制办公室政府法制研究中心成立12年以来在政府立法共同性问题研究领域的有关成果汇编成册，公开予以出版，一方面是对有关工作进行阶段性总结，归纳经验，发现不足，为下一步更加科学有效地开展政府法治共同性问题研究奠定理论基础；另一方面是希望借此次出版机会和有关部门、学术机构进行沟通与交流，引导法学界关注、参与政府法治研究工作，达到开阔研究视野、拓展研究思路、完善研究方法的目的，从而适应新时代开展政府法治共同性问题研究的要求，不断为提高政府立法质量、加快建设法治政府而服务。另外需要说明的是，此次汇编的研究成果，是基于当时的研究背景撰写而成。为了让读者了解相关制度的变迁，结集出版时基本保持了原貌。

编者

2018年3月

目录

CONTENTS

第三编 政府立法用语规范化研究

第一编

政府立法原则研究

关于实施条例类行政法规规定内容问题的研究报告

李明征　倪　娜　谭庆勇

一、实施条例类行政法规的现状及存在问题

本报告所称实施条例类行政法规，主要包括以下两类：一是与法律整体配套的实施条例、实施细则和实施办法。这类行政法规是在法律颁布之后，对法律整体实施中的问题作出更具体、更具操作性的规定。主要内容包括：法律规定事项的具体适用情形和条件；处罚标准的具体化；行政执法机关具体的职责；行政执法具体的程序等。如税收征收管理法、个人所得税法、森林法等都在附则中明确规定国务院可以根据法律制定实施细则。二是与法律具体规定专项配套的实施办法。如行政处罚法规定，作出处罚决定的行政机关与收缴罚款的机关分离，具体办法由国务院规定。国务院据此制定了《罚款决定与罚款收缴分离实施办法》，对代收罚款机构、代收罚款协议、罚款收缴程序、逾期加收款项、国库定期对账等具体操作问题作了规定。从立法实践看，有的法律虽未明确要求制定配套行政法规，但为了法律整体或某

项制度的有效实施，国务院也可以制定实施条例类行政法规。如与统计法整体配套的统计法实施条例，与公司法中的公司登记、管理专项配套的公司登记管理条例等。

实施条例类行政法规对于促进法律的贯彻实施发挥了重要作用，但目前也存在一些问题：一是重复过多、有效衔接不够。在实施条例类行政法规制定过程中，为了保持自身体例的完整性，难免对上位法的相关规定进行援引，但有的条例却存在大量照搬照抄，对需要进行细化，增强可操作性的内容反而未作规定的问题，导致有效衔接不够，不能解决促进制度实施的问题。二是与法律解释界限不清。根据立法法第四十五条的规定，法律的规定需要进一步明确具体含义的，由全国人大常委会解释。而根据全国人大常委会《关于加强法律解释工作的决议》的规定，“不属于审判和检察工作中的其他法律、法令如何具体应用的问题，由国务院及主管部门进行解释”。何谓“具体含义”，何谓“具体应用”，这个问题在有关上位法中并未明确划分。因此，行政法规对法律规定进一步明确界限，是否属于对具体应用法律的问题作出解释，一直困扰着我们的法规审查工作，全国人大常委会有关部门目前尚未统筹解决此类问题。三是细化标准模糊。纵向上，由于实施条例类行政法规处于立法的中间位阶，难免与法律、部门规章以及地方性法规在内容上存在竞合，细化标准的模糊造成一些行政法规规定了可由部门规章、地方性法规规定的事项；横向上，有的实施条例类行政法规还规定了属于行政机关内部规定、具体操作指南等不需要立法规定的事项，导致内容庞杂。

二、制定实施条例类行政法规需把握的原则

实施性立法的一个重要使命就是解决上位法的原则和规定如何贯彻落实，使之变得可操作、可遵守、可执行。因此，制定实施条例类行政法规宜遵循以下原则：一是不超越国务院的立法权限，且不违反上位法规定。实施条例类行政法规的制定必须在国务院的立法权限内，以上位法为依据，不得违背法律确定的指导思想和基本原则，不得突破法律确定的基本制度，不得增加上位法确定的惩罚手段和扩大具体幅度范围，即“法条不抵触、法意不抵触、法权不抵触”。二是具有可操作性。国务院应基于自身的行政管理职权，从行政执法的角度，对法律的相关规定予以进一步细化，避免机械照抄法律原文，重点从概念上明确、制度上补充、操作上完善，使上位法比较原则的内容变成可以遵守和执行的规则，比较模糊、不明确的地方得以明确和补充，以增强法律的可操作性。三是合理配置立法资源。对于上位法中可通过制定部门规章、地方性法规等其他层级的立法规范予以细化的事项，可不在实施条例类行政法规中规定。

三、实施条例类行政法规中不宜规定的内容

（一）法律保留的事项

依照立法法第八条的规定，国家主权、犯罪和刑罚、对公民政治权利的剥夺和限制人身自由的强制措施和处罚、税收基本制度等11

类事项只能制定法律，实施条例类行政法规无权规定以上事项。

（二）实质性改变法律规定的事项

实施条例类行政法规对法律的细化应当坚持“细化不变化”的原则，在法律规定的具体条件和幅度范围内进行，不能出现随意扩大或者减少缩小法律明确规定的主体范围、行为种类、管理措施等的规定。

（三）法律已有具体规定的事项

一是直接上位法已有具体规定且无需进一步细化的事项；二是其他法律、行政法规已有具体规定的事项。

（四）适合以部门规章规定的事项

一是法律明文规定由国务院有关部门制定相关办法的事项。如中国人民银行法第二十七条规定，中国人民银行应当组织或者协助组织银行业金融机构相互之间的清算系统，协调银行业金融机构相互之间的清算事项，提供清算服务。具体办法由中国人民银行制定。二是仅涉及国务院某个部门的工作规则和流程的事项。行政法规调整的对象一般是行政管理领域带有跨部门、普遍性、全局性的事项。部门规章的调整对象主要为某些局部的、具体的以及程序性的事项。所以，当立法事项仅涉及某个部门的工作规则和流程时，制定部门规章即可。

（五）适合以地方立法规定的事项

一是法律明文规定由地方立法进行细化规定的事项。如食品安全法第三十六条第三款规定，食品生产加工小作坊和食品摊贩等的具体管理办法由省、自治区、直辖市制定。二是有的具体制度在法律中没有明确规定，各地又由于实际情况差异导致在操作层面很难统一，实施条例类行政法规中可不作统一规定，或者只作出原则性规定即可。

（六）适合以行政机关内部规则规定的事项

一是行政机关内部管理事项。行政机关内部的工作流程、人事管理、后勤管理等事项，对行政机关以外的公民、法人和其他组织的权利义务不产生直接影响，可通过制定行政机关内部规则予以规范。二是部门间的协调工作机制等，例如部际联席会议、部际临时议事协调机构等事项。

（七）适合通过行业标准、指导目录、办事指南规定的事项

通过制定行业标准、行业指导目录、办事指南能够有效实施法律的事项，可以不制定配套行政法规。如中国银监会依照银行业监督管理法、商业银行法等制定的《关于印发商业银行抵押品管理指引的通知》，中国证监会依照公司法、证券法制定的《上市公司章程指引》等。

（八）行政法规原则上不作规定的事项

除机构编制的专门法律法规外，其余行政法规对诸如机构设置、人员编制等事项，除非得到批准或授权，原则上不予规定。

（九）存在较大争议尚未形成共识的事项

存在较大争议、尚未形成共识的事项，既包括对某一问题是否应在实施条例类行政法规中规范意见不一致的情形，也包括各方认为实

施条例类行政法规应规范某一问题，但对于如何规范、规范到什么程度意见不一致的。

（十）无实质意义的宣示性内容

对于宣示性内容应区分情况，如果没有实质内容，本身也不包括权力、权利、义务、责任的，应尽量减少规定。如果宣示性内容中涉及倡导社会主义核心价值观、弘扬社会主义道德或阐述立法导向的内容，可以尽量精炼地规定。

关于授权立法制度的研究报告

范文嘉

我国的授权立法实践始于1955年7月30日全国人民代表大会发布的授权决议，2000年出台的立法法将其正式纳入法制轨道。在60多年的时间里，授权立法例对我国的经济、法律和社会建设起到了积极的推动作用，也暴露出不少问题。2015年3月15日发布的《全国人民代表大会关于修改〈中华人民共和国立法法〉的决定》，对授权立法的规定作了修改，但仍存在一些问题。本文试图厘清授权立法制度，为进一步规范授权立法提供参考。

一、授权立法界说

授权立法是指立法主体根据需要将自己的一部分立法权限在一定的条件和范围内授予没有此立法权限的主体行使的活动。授权立法制度自19世纪30年代在英国开始发展，是当时背景下政府职能扩张、立法责任加重、议会能力有限的产物，20世纪在世界各国得到广泛应用。

（一）授权主体与被授权主体的范围

关于授权主体的范围，理论界有各种不同的看法。有学者认为，授权主体只能是宪法和宪法性法律所确定的主要职能是立法的机关，而不包括有一定的立法职权但不是专门立法机关的国务院、最高人民法院等机关；有学者认为，授权主体指所有根据宪法、法律规定有立法权限的主体，不仅包括专门立法机关，还包括有立法职权的国务院、国务院部门、设区的市的政府。本文认为，这要从理论和实践两个层面分析。学者们普遍认可将制定法律、行政法规、地方性法规和规章的权力统称为立法权，相应的主体都是有立法权的主体，而理论上只要是有立法权的主体都有可能成为授权主体。同时，立法法虽然只就最高立法机关作为授权主体作了规定，但并未禁止其他机关作授权主体。这就为实践中权力机关以外的机关成为授权主体提供了可能。

关于被授权主体，学者们的观点较为一致，认为被授权主体更为广泛，既可以是行政机关，也可以是下位阶的立法机关，还可以是其他机关或组织，但在我国已有的做法看来主要是行政机关。从各国大多数授权立法的实践看，授权立法是从立法机关授予行政机关立法权开始的，起先的被授权主体是行政机关，后来才发展到也包括立法机关、其他机关或组织。

（二）授权立法的类型

1. 从授权方式看，主要有专门授权和法条授权

专门授权。也称特别授权，指授权主体通过专门的授权法亦即授

权决议或决定，将原本属于自己的立法权调整范围内的事项，授予有关主体以立法方式予以调整。1955 年以来全国人大多次采取这种形式授权其常委会立法，全国人大及其常委会也多次采取这种形式授权国务院和地方国家机关立法。

法条授权。指立法主体在其所制定的规范性法律文件中，以法条的形式授予有关主体制定有关规范性法律文件的权力。在我国，真正为法条授权的条款并不像有些学者认为的那样多，本文认为主要有两种情形：一是法律法规中明确将某项高位阶立法权授予低位阶主体。比如 1988 年出台的《中华人民共和国道路交通管理条例》（2004 年被废止）第九十条规定："高速公路和交通管理办法，由公安部另行制定。"根据授权，公安部于 1994 年发布《高速公路交通管理办法》。高速公路的交通管理本也应由道路交通管理条例规定，但条例第二条规定此条例只规范"公路、城市街道和胡同（里巷），以及公共广场、公共停车场等供车辆、行人通行的地方"，将制定高速公路和交通管理办法的立法权授给了公安部。二是法律中"中央军事委员会根据本法制定军事法规"的规定。比如《中华人民共和国保守国家秘密法》（2010 年修订）第五十二条规定："中央军事委员会根据本法制定中国人民解放军保密条例。"这种情形是否属于法条授权，学者们有争议。肯定说认为：我国宪法未直接、明确地规定中央军事委员会享有立法权，那么中央军事委员会不享有初始意义上的立法权，而 1997 年出台的国防法第十三条关于中央军委有权根据宪法和法律制定军事法规、发布决定和命令的规定，是对中央军事委员会的授权，2000 年出台的立法法第九十三条关于中央军事委员会根据宪法和法律制定军事法规的规定，是对这种授权形式的确认。

2. 从授权的产生方式来看，主要有主动授权和被动授权

主动授权是指立法机关根据需要，主动将某立法权授予有关机关行使。在实践中，各国的立法机关主要是以主动方式来进行授权。

被动授权是指有关机关根据需要，要求立法机关授予一定立法权。法国宪法规定的政府授权立法即属被动授权立法，即政府为实施其施政纲领，可以要求议会授权它在一定期限内以法令来对通常属于法律范围内的事项采取措施。

（三）授权立法与授权立法现象的界分

实践中存在种种“授权现象”，但是一些授权现象并不是授权立法：

1. 法律法规中制定本项立法实施办法或实施细则的条款。比如法律中类似“国务院根据本法制定实施细则”的规定、行政法规中类似“省、自治区、直辖市人民政府可以根据本条例制定实施办法”“国务院某部门根据本条例制定实施细则”的规定。制定“实施办法”“实施细则”是行政机关职权范围内固有的立法权，是宪法体制内的、稳定的立法权限。

2. 全国人大授权国务院或者其他机关在特定区域内暂时调整实施有关法律的规定。比如全国人大常委会分别于 2012 年、2013 年、2014 年通过《关于授权国务院在广东省暂时调整部分法律规定的行政审批的决定》《关于授权国务院在中国（上海）自由贸易试验区暂时调整有关法律规定的行政审批的决定》《关于授权最高人民法院、最高人民检察院在部分地区开展刑事案件速裁程序试点工作的决定》。

类似的授权决定并不是授权某地方立法权，而是在全国人大常委会的决定中明确某些法律规定在某地的实施作出调整，被调整的条文、目的、期限、后果都很具体、明确，不需地方再作出规定。这种模式与以往授予经济特区概括的立法权不同，虽然包含“授权”的意思，但不是授权立法。

二、有关国家的授权立法制度

（一）德国的授权立法制度

德国的授权立法包括中央立法机关向地方立法机关的授权和立法机关向行政机关的授权。中央立法机关向地方立法机关的授权主要是指在联邦专属立法权的范围内，联邦法律可以明确授权各州有一定范围内的立法权。2006 年修改后的《德国联邦基本法》规定了各州的立法变通权，即对于某些事项，在有联邦立法的情况下，各州仍然可以制定州法，而且可以作出与在先的联邦法律不一致的规定。立法机关向行政机关的授权，是指只有经法律具体而明确的授权，行政机关才有权制定对公民具有普遍约束力的行政法规。在没有法律授权的情况下，行政机关基于固有职权制定的只有规章和行政规则，只对内部人员有约束力。可见，德国对于授予行政机关立法权的规制非常严格。

德国坚持的授权立法原则主要包括法律保留原则和授权明确原则。法律保留原则指在行政自行作用的范围之外必须以法律为基础，只有获得议会法律的授权方能干涉个人自由与财产。授权明确原则指授权法律必须能够清楚表明授权的范围、标准、目的、根据授权发布的法令和可能的内容，如果不具备这种要求，则授权法本身以及据此公布的授权立法无效。

德国的授权立法监督机制：一是批准制度。《德国联邦基本法》第80条规定行政法规必须经过有关机关的批准才能生效。二是司法监督。联邦宪法法院对包括联邦法律在内的所有规范性法律文件进行合宪性审查，其中包括对授权立法的合宪性进行审查。审查的方式既有附带审查，也有对立法行为进行直接的或主要的司法审查。

（二）英国的授权立法制度

在英国，没有法律的授权，行政机关无权制定条例。除了少数基于英王的特权外，英国行政机关制定行政管理法规都必须有议会的授权。议会可以向行政机关授权，也可以向法院、地方政府、国有企业、教会（如英国教会全国代表大会）、社会团体（如全国名胜古迹保护协会）授权。

英国的授权立法监督机制：一是议会的监督。议会的监督既有对授权立法的备案审查，也有对授权立法的批准审查，审查授权立法规范是否有租税或者其他增加公民负担的内容、是否有排除法院审查的内容、在授权法没有特别授权的情况下授权立法是否有追溯既往的内容、授权立法是否越权等。二是法院的监督。主要是基于授权立法在实践中出现的争议所作出的附带性审查，既包括实质性也包括程序性的审查，如果授权立法超出了授权的范围，那么法院可以宣告其无效。

（三）美国的授权立法制度

在美国，宪法明确规定应由国会立法的范围，原则上不得授权，国会确实无法行使其全部立法权时，可以“骨骼立法”或以偶发性事件立法的方法，将次要和细节部分授权行政部门以命令形式加以补充。国会只能授权给公务员或行政机关，不得授权给私人或团体，且授权应有标准或制约，不得无所限制或含糊其辞。

美国的授权立法监督机制：一是国会的监督。国会有立法否决权，即国会授权行政部门制定规章时一并要求授权立法送交国会审查，国会保有对该授权立法否决的权力。二是法院的监督。法院的司法审查方式是具体的附带性审查，在审查的内容上既包括对授权法也包括授权立法规范的合宪性和合法性。美国对授权立法的监督以法院的监督为主。

三、我国的授权立法制度

我国的授权立法制度主要规定在立法法中：

一是授权立法的方式。立法法主要规定的是专门授权的方式：一种是第九条规定的全国人民代表大会及其常委会有权作出决定，授权国务院可以根据实际需要，对法律规定事项中的部分事项先制定行政法规；一种是第七十四条、第九十条规定的全国人民代表大会有权授权经济特区所在地的省、市的人民代表大会及其常务委员会制定经济特区法规。

二是授权立法的主体。两种专门授权方式中，授权主体为全国人大及其常委会，被授权主体分别为国务院、经济特区所在地的省、市的人大及其常委会。

三是授权立法的事项范围。对于第一种专门授权方式，第九条规定授权事项范围为第八条中只能制定法律的十项内容，又将其中涉及犯罪和刑罚、对公民政治权利的剥夺、限制人身自由的强制措施和处罚、司法制度等事项排除在外；同时第十条规定具体的授权决定应当明确授权的事项和范围。对于第二种专门授权方式，立法法仅规定经济特区法规根据全国人大的授权决定来制定，或作出变通规定，并没有直接限制授权决定的授权范围；但按照系统解释方法，对于第八条规定的法律专属立法权，经济特区授权立法同样不应突破。

四是授权立法的时限范围。对于第一种专门授权方式，第十一条规定授权立法事项制定法律的条件成熟时，由全国人大及其常委会及时制定法律，法律制定后，相应立法事项的授权终止。对于第二种专门授权方式则没有关于时限范围的规定。

五是授权立法的程序。立法法中规定的程序较为简单，第十条规定授权决定应当明确授权的目的、事项、范围、期限以及被授权机关实施授权决定应当遵循的原则。被授权机关应当严格按照授权目的和范围行使权力，被授权机关不得将该项权力转授给其他机关。

六是关于授权立法的期限。立法法第十条第二款、第三款对授权立法的期限作了规定：授权的期限不得超过五年，但是授权决定另有规定的除外。被授权机关应当在授权期限届满的六个月以前，向授权机关报告授权决定实施的情况，并提出是否需要制定有关法律的意见；需要继续授权的，可以提出相关意见，由全国人民代表大会及其常务委员会决定。

七是关于授权立法的监督。立法法除了规定法律法规的审查、备案、撤销、裁决制度，还专门针对授权立法规定了备案、撤销和裁决三种监督审查方式（第九十八条第五项、第九十七条第七项、第九十五条第二款）。

四、我国的授权立法实践

（一）全国人大对其常委会的授权

1. 第一阶段：从 1955 年至 1982 年宪法颁布前

1954 年宪法、1975 年宪法、1978 年宪法都规定全国人大是行使国家立法权的唯一机关，全国人大常委会只能制定“法令”而不能制定法律，1982 年宪法才规定全国人大常委会有权制定和修改除应当由全国人民代表大会制定的法律以外的其他法律。在 1982 年之前，全国人大三次授权全国人大常委会行使部分立法权，分别是 1955 年授权常务委员会制定单行法规，1959 年授权常务委员会在全国人民代表大会闭会期间对现行法律加以修改，1981 年授权常务委员会修改民事诉讼法并公布试行。

2. 第二阶段：从 1982 年宪法颁布至今

1987 年 4 月 11 日，全国人大授权全国人大常委会修改《中华人民共和国村民委员会组织法（草案)》。

（二）全国人大及其常委会对国务院的授权

1982 年宪法规定国务院有权制定行政法规。

1. 1983 年 9 月，全国人大常委会授权国务院对五届全国人大常委会第二次会议原则批准的《国务院关于安置老弱病残干部的暂行办法》和《国务院关于工人退休、退职的暂行办法》的部分规定作修改和补充。这次授权主要是因为当时在立法权限划分上还不十分清晰。

2. 1984 年 9 月 18 日，全国人大授权国务院在实施国营企业利改税和改革工商税制的过程中拟定有关税收条例，同时规定不适用于中外合资经营企业和外资企业。

3. 1985 年 4 月 10 日，全国人大授权国务院对于经济体制改革和对外开放方面的问题制定暂行的规定或条例。

（三）全国人大及其常委会对经济特区的授权

全国人大及其常委会先后有五次将立法权授权给地方，有七个地区获得授权。

1. 1981 年 11 月 26 日，全国人民代表大会授权广东省、福建省人民代表大会及其常务委员会制定经济特区的各项单行经济法规。

2. 1988 年 4 月 13 日，全国人民代表大会授权海南省人民代表大会及其常务委员会制定海南经济特区的各项单行经济法规。

3. 1989 年 4 月 4 日，全国人民代表大会授权深圳市人民代表大会制定深圳经济特区法规和规章。1992 年 7 月 1 日，全国人民代表大会常务委员会授权深圳市人民代表大会及其常务委员会制定法规，授权深圳市人民政府制定规章。

4. 1994 年 3 月 22 日，全国人民代表大会授权厦门市人民代表大会及其常务委员会和厦门市人民政府分别制定法规和规章，并在厦门经济特区实施。

5. 1996年3月17日，全国人民代表大会授权汕头市和珠海市人民代表大会及其常务委员会制定法规，授权汕头市和珠海市人民政府制定规章，并分别在汕头和珠海经济特区组织实施。

五、我国授权立法制度和实践中存在的问题

（一）立法对授权主体和被授权主体的规定不够周延

立法法仅对全国人大及其常委会对国务院的授权和全国人大对经济特区所在地的省、市的人民代表大会及其常务委员会的授权做出了规定，没有对实践中存在的国务院对地方政府的授权、地方人大及其常委会对地方政府的授权等法条授权形式作出规定。同时，立法法关于对经济特区授权立法的规定也不能满足实践需要：立法法规定的授权主体只有全国人大，授权内容只是经济特区所在地的省、市人民政府可以制定地方性法规，而实践中，授权主体既有全国人大，也有全国人大常委会，授权内容既包括制定地方性法规，也包括制定政府规章。

（二）立法对授权立法范围的规定不够科学

一是虽然立法法第八条规定了法律保留事项，第九条规定了法律绝对保留事项，但从上下文来看，第九条仅指法律相对于行政法规而绝对保留的事项，即仅规制全国人大及其常委会向国务院的授权，对于其他主体间的授权立法并没有明确是否也受绝对保留事项的限制。比如关于全国人大向经济特区授权，立法法第七十四条“根据全国人

民代表大会的授权决定，制定法规”的概括规定，并没有对授权事项范围作出要求。第九十条规定经济特区法规可以根据授权对法律、行政法规、地方性法规作变通规定，但没有对可以变通的事项作出限制。这样的规定造成实践中对经济特区的授权过于笼统、宽泛。“经济特区”本属于“经济”方面的特区，授权立法事项应该是经济方面的立法权，但是一些经济特区的人大超出了经济事务范围，制定了社会治安综合治理等方面的法规，这些法规是否超越授权范围，由于授权决定的授权不明而无法判断。

二是立法法第九条规定的法律绝对保留的事项范围值得商榷。第九条规定“有关犯罪和刑罚、对公民政治权利的剥夺和限制人身自由的强制措施和处罚、司法制度等事项”为法律绝对保留的范围。是否还有其他应当由法律保留的事项，比如涉及国家主权的事项，应当参考国外立法例并结合我国实际情况作出调整。

三是没有对法条授权的事项范围作出规定。立法法几乎没有对法条授权进行规定，包括可以授予的权力范围，造成实践中的法条授权现象不能得到有效规制，有些部门甚至滥用授权。

（三）立法对授权立法监督机制的规定有待完善

一是关于全国人大向经济特区授权的监督机制缺少规范。虽然立法法第十条对授权决定的目的、事项、范围、期限、原则和监督机制等作出了要求，但从上下文来看，这一条仅规制全国人大及其常委会向国务院授权的行为，而不规制全国人民代表大会向经济特区授权的行为，即其授权的目的、事项、范围、期限、原则都有赖于全国人大具体的授权决定。

二是我国的备案审查制度不完善，授权立法备案审查的效果也不尽如人意。我国实践中的备案是一种事后监督方式，授权立法规范备案之前都已经生效。立法法规定“根据授权制定的法规应当报授权决定规定的机关备案”，但是一些授权决定和授权条款没有规定备案的具体机构和程序。实践中即使有授权决定越权立法，也没有被有关备案机关提出进行处理。

三是我国司法审查的对象不包括行政法规、规章，从而缺失了西方国家普遍采用的司法机关对授权立法进行监督的途径。

（四）实践中存在一些缺乏授权依据的授权立法现象，立法层面缺乏规制

我国为了鼓励地方发挥制度优势以推动地方经济社会发展，设立国家综合配套改革试验区、金融试验区、农村综合改革试验区、中关村科技园区、平潭综合改革实验区等试点区域并赋予其先行先试权。“先行先试”不是严格的法律用语，但却产生了法律后果，地方政府依据“先行先试”的授权进行了大量制度创新，许多问题值得研究。比如被授权的主体中，有些主体本身有地方立法权，有些主体没有，那么，对于有地方政府规章制定权的地方人民政府而言，在所涉事项不属于它的自主管辖权范围时，是否可以笼统地依据“先行先试”这种政策性授权的权力来行使地方规章制定权？对于没有地方规章制定权的地方人民政府而言，是否可以认为国务院将规章制定权授予了它们？同时，作出此类“先行先试”授权的主体比较复杂，有些是国务

院作出授权，有些是“国家发改委”在国务院的同意下作出的授权；授权的形式也不统一，有些是以国务院决定的形式，有些是以国务院批复的形式，有些是以行政法规的形式。

六、关于改进我国授权立法制度的建议

授权立法在理论上有其正当性，在实践中也有其必要性，但不能是配置中央和地方立法权、权力机关与行政机关立法权的主要方式。授权立法过滥会造成立法体制的混乱，一事一授权的特点导致占用大量立法和行政资源。授权立法应当是一种在合理、稳定的立法体制下作灵活应变之用的手段，是特定情况下为了达到一定目的而采用的方式。我们对待授权立法的态度应当是开放、积极而又严肃、审慎的，应当从制度和实践层面限制其弊端，发挥其正面作用。

（一）对授权主体和被授权主体作出界定

一是在立法法中对法条授权的主体作出规定。考虑到位阶较低的立法主体授出立法权的必要性不大，确定授权主体应当考虑较高位阶的立法主体，而确定被授权机关则必须考虑其是否能胜任这项工作。

二是在立法法中增加全国人大向经济特区所在地的省、市人民政府授权制定政府规章的规定，以回应实践需要。

（二）对授权立法范围作出更科学全面的规定

一是对立法法第九条中的法律相对于行政法规的绝对保留事项再作研究。关于法律保留标准有多种学说，其中影响最大的是“重要性

理论”，非常重要的事项由法律调整，不太重要的事项可以授权行政机关规定。据此原则，并参考世界多数国家的做法，至少应当将涉及国家主权和税收基本制度的事项也纳入法律绝对保留的范围。

二是在立法法中增加规定全国人大向经济特区授权的立法事项范围，明确该范围是仅包含经济事务方面的立法权，还是也包含其他方面事务的立法权。

三是在立法法中对法条授权的事项范围作出规定。授权的标准和范围虽然难以完全具体化，但不能毫无限制。根据其他国家的立法例和我国立法中的法条授权条款，可以考虑将缺乏实践经验、专业技术性强、不需要或不可能全国作出统一规定的事项等划为可以授权的事项范围。

（三）对授权立法监督机制作出更严格的规定

一是增加主动授权立法和被动授权立法的规定，以规制被动授权立法行为。实践中立法需求往往是自下而上的，需要对何事项授权立法，立什么样的法，很多时候国务院和经济特区所在地的省、市人大及其常委会比全国人大及其常委会更清楚。所以立法制度上应当对这种被动授权的形式作出规定，允许国务院和经济特区所在地的省、市人大及其常委会拥有请求全国人大或其常委会赋予自己授权立法的权力，并对其提出请求的理由、可以申请的立法事项、申请程序作出规范。

二是增加具体授权决定中应当明确授权立法的备案机关和备案程序的规定，授权立法越权标准、越权后果的规定。

三是增加公众监督授权立法的规定。立法法第六十七条虽然规定了座谈会、论证会、听证会等民众参与程序，但仅仅将其规定为任意而非强制性程序，这使得行政机关在制定授权立法实践中很少使用听证一类的民众参与程序。应当在立法法中增加被授权机关根据授权立法要经过更严格的征集民意程序以接受公众监督的内容。

（四）对以往授权立法的地位作出回应

修改后的立法法对授权立法作出新的规定，导致之前的一些授权与其规定不相符合，立法实践应当对其作出回应，将可以上升为法律的行政法规上升为法律。

（五）对实践中无法律依据的授权现象作出适当规制

应当在立法层面对设立国家综合配套改革试验区等授权行为明确其法律属性、赋予其法律地位，对授权依据的形式作出要求，对授权立法的范围作出限制，对被授权主体依据授权进行改革的载体作出要求。

精准立法促进社会文明建设

陶 杨　汤 磊

近年来，党中央、国务院和各级地方党委、政府积极探索提升社会道德文明的法治方法。《中共中央办公厅、国务院办公厅关于进一步把社会主义核心价值观融入法治建设的指导意见》明确提出“以法治体现道德理念、强化法律对道德建设的促进作用，推动社会主义核心价值观更加深入人心”的要求。但是，在促进社会文明的法治建设方面，仍然存在地方立法不够精准、对社会文明法治建设关注不够、社会文明法律制度的实施效果不明显、以法治促进社会文明的实招不多等问题。结合政府立法工作，我们认为应当着力于以下方面，充分发挥设区的市地方立法权作用、精准立法促进社会文明。

一、支持引导设区的市地方立法充分发挥作用

我国实行的是统一而又分层次的立法体制，既保证法制统一，又充分发挥地方的主动性、积极性。一直以来，地方立法都是我国重要的制度建设力量。地方依法自主立法，能够结合本地区实际情况，落实中央立法和决策部署，在本地区权限范围内自主解决本地区的问题、

管理好本地区的经济社会事务，做到不等不靠、不将矛盾和问题上交。设区的市处于城乡管理第一线、贴近群众生产生活，应当调动其立法积极性，制定出既利于国家法律和政策实施，又适应本地区经济社会发展需求、体现地方特色的法规和规章。基于设区的市的独特优势，我国不断探索赋予更多的自主立法权。2015 年修改后的立法法规定，设区的市可以制定“城乡建设与管理、环境保护、历史文化保护”等方面的地方性法规和地方政府规章。这就将制定地方性法规和地方政府规章的立法权由原来的 49 个“较大的市”扩展到目前 288 个“设区的市”。赋予设区的市立法权，充分发挥其在推进地方法制建设中的积极作用，对于完善法律制度体系具有重要意义。

据初步了解到的情况，目前一些新赋予立法权的设区的市在探索地方立法的工作中仍然存在一些问题：对立法权限理解不透，什么法该立、什么法能立把握不准；行政处罚法、行政许可法等法律对地方政府规章设定处罚、许可做了严格限制，地方政府立法空间较小，立法积极性较低；一些地方立法问题导向不够，立法针对性不足，甚至简单照搬上位法的规定，欠缺地方特色；立法技术不规范，立法的可操作性、可执行性不强。为推进设区的市地方立法精准化，可以考虑以适当方式支持、引导设区的市地方立法“有可为”“能够为”“规范为”。

一是让设区的市地方立法“有可为”。一方面，对于设区的市有立法权的事项，今后拟订国务院年度立法工作计划或者起草、审查国家法律、行政法规草案时，可以考虑适当“留白”，由地方根据本地区实际需要制定地方性法规或者地方政府规章。确需上位立法的，待设区的市立法试点积累成熟经验、逐步推广后再出台。另一方面，加强对全国政府法制系统工作人员的培训，通过培训促进解决新获立法权地方政府法制机构的立法经验不足、立法能力欠缺等问题。对发现的普遍情况或者共性问题，必要时可以适当方式解释或者答复来函地方，引导地方政府依法开展立法活动。

二是让设区的市地方立法“能够为”。在具体制度设计上，上位立法不“一刀切”，不必管得太细太死。上位法主要规定通行通用的内容、设定管理措施、明确授权条款，为设区的市地方立法所需要的刚性行政手段设定合理的幅度，为地方立法与上位法的衔接留足空间、提供依据，避免地方立法因权限不足而受到掣肘。

三是让设区的市地方立法“规范为”。通过设区的市地方立法推动规范行政自由裁量权，是推进地方精准立法的重要内容。今后应注重在上位立法中适度明确适用情形、标准、额度等，由设区的市地方立法对自由裁量条款科学合理地细化量化，根据涉案标的、过错、违法手段、社会危害等划分裁量等级，使模糊、弹性的幅度明确化、具体化，执法的标准客观化、刚性化，为执法提供明确的指导和有效的规范，减少执法的随意性。

同时，也要进一步加大对设区的市地方立法的备案审查力度，健全备案审查工作机制，促进设区的市地方立法规范化。要明晰和统一法律审核标准，认真审查设区的市地方立法中是否存在恢复国务院已取消的行政许可项目，出台与生态文明建设和环境保护法律、行政法规不一致的地方立法，规定的行政处罚种类和幅度超越法律、行政法规规定，以及没有法律法规依据擅自增加行政相对人义务等问题，并依法作出处理。

二、加强法律和道德对公民行为的协同规范

习近平总书记指出，必须坚持依法治国和以德治国相结合，使法治和德治在国家治理中互相补充、相互促进、相得益彰，推进国家治理体系和治理能力现代化，要把道德要求贯彻到法治建设中，以法治承载道德理念，道德才有可靠制度支撑。加强社会文明建设需要强化法律和道德对公民行为的协同规范，不断提高公民的法治意识和道德自觉。

一是对法律规范已有明确规定的行为，行政机关应当在执法中运用好法律和道德的双重评价作用。法有明文，但行政机关有法不执、公民有法不依，是对法律尊严的亵渎，也是对守法群众的不尊重。各级执法机关要注重在日常管理中体现鲜明价值导向，使合法的、符合社会主义核心价值观的行为得到倡导和鼓励，违法的、违背社会主义核心价值观的行为受到制约和惩处。一方面，要重视发挥道德的教化作用和对法治的支撑作用，注重培育人们的法律信仰、法治观念、规则意识，引导人们自觉履行法定义务、社会责任、家庭责任，营造全社会讲法治、守法治的文化环境，提高全社会文明程度。另一方面，要严格执法，纠正不文明行为，把现行法的功效用足用尽，严格按照法律的规定进行处罚。为此，各地方要加强行政执法信息化建设，在行政执法工作中推广使用先进的科技装备，加快推进“互联网+行政执法”，打造行政执法信息共享互通平台，提高行政执法效率、执法水平和执法质量。有条件的地方，可以鼓励公民通过智能设备、APP

等便捷方式在线举报违法的不文明行为，让执法纠违的岗哨遍及社会角落，提高法律制度的执行力。对违法的不文明行为，还可以考虑依法将违法情形、处罚决定通报行为人的单位，在其居住的社区等场所进行公告，或者通过媒体曝光。

二是在制度建设中注重基本道德规范向法律规范的转化。要把道德要求贯彻到法治建设中，推动社会主义核心价值观入法入规。法律法规要树立鲜明道德导向，以法治承载道德理念，弘扬美德义行，通过法律制度的强制力确保社会道德底线，引导全社会崇德向善。设区的市要提高立法精细化水平，注重推动文明行为、社会诚信、见义勇为、尊崇英雄、志愿服务、勤劳节俭、孝亲敬老等方面的立法工作，促进社会的文明建设。特别是对实践中广泛认同、较为成熟、操作性强的道德要求，设区的市地方立法可以先行先试，在科学评估必要性、可行性的基础上，及时将其上升为法律规范。待条件成熟时，再逐步向其他地方推广，或者推动制定上位法。

三、对促进社会文明建设的制度组织开展立法后评估工作

社会文明法律制度的实施效果不明显、缺乏实施效果的评价机制和标准也是目前社会文明法律制度面临的重要问题之一。近年来，一些设区的市在有关地方立法中加入了促进社会文明的规定，青岛市、武汉市、杭州市、深圳市等地方还专门出台了《文明行为促进条例》这类综合性立法，积极探索通过立法促进社会文明建设。例如：2016年2月1日施行的《武汉市文明行为促进条例》规定了公共秩序、交

通出行、旅游观光、休闲娱乐、环境保护、网络文明和家庭文明等7个方面的基本文明行为规范，并对驾驶机动车强行超车、随意变道，过马路不走人行横道、过街设施，乱穿马路、闯红灯等11种不文明行为规定了法律责任。厦门市针对违法停车现象，于2015年8月修改了《厦门经济特区道路交通安全若干规定》，对乱停车行为作出规范，细化违法停车情形，明确罚款数额，提高立法精准性，从而便于驾驶人遵守和执法者执法，达到有效遏制乱停车行为的效果。2014年6月，《郑州市大气污染防治条例》出台，该条例第五十七规定："禁止在城市建成区内露天烧烤食品，市、县（市、区）人民政府划定的特定场地除外。在划定的特定场地内露天烧烤食品，应当使用油烟净化装置，并不得使用高污染燃料。"并规定对违法露天烧烤的，"由市容和环境卫生行政主管部门责令停止违法行为，没收烧烤工具，处二千元以上二万元以下罚款"。通过疏堵结合的方式有效规范露天烧烤行为。

设区的市通过立法促进社会文明建设的做法值得肯定，成功经验值得推广。为此，可以考虑组织立法后评估工作时请有关地方梳理在本地区实施的国家法律、法规和地方性法规、规章中有关促进社会文明建设的规定，对其实施情况进行立法后评估，进一步了解设区的市促进社会文明方面法律制度的实施情况、成功经验以及存在的问题。对于经实践证明行之有效的成功经验和好的做法，可以推广复制到其他地区，或者今后吸收到有关上位法中。对于评估后发现的问题，要认真分析原因，明确是制度设计本身的问题还是实施中存在的障碍，并提出相应的建议。如果是需要在国家立法层面予以解决的问题，启动相关研究，以适当的方式为设区的市地方立法提供必要支持，促进设区的市不断完善社会文明立法、提高立法的精准性。

同时，要进一步加强行政法规、规章的立法后评估工作。一方面，在修改《行政法规制定程序条例》和《规章制定程序条例》时增加有关对行政法规、规章开展立法后评估工作的规定，使立法后评估更加规范化；另一方面，要引导各部门在修法前积极开展立法后评估工作，科学评估法规的合法性、合理性、执行性和实效性，及时发现制度本身存在的问题和制度执行中的问题，有针对性地采取改废释或者出台配套制度等措施完善立法。

四、积极推进社会信用体系建设

建设社会信用体系，就是对参与经济社会活动的每个人和每个机构的信用状况进行记录，并提供给信用记录的使用者，使有不良信用记录者受到惩戒，使有良好信用记录者得到激励。这种制度安排和机制的形成，可以使参与经济社会活动的每个人和每个机构都珍惜自己的信用行为和信用记录，从而推进政务诚信、商务诚信、社会诚信和司法公信，在全社会形成守信光荣、失信可耻的氛围和环境，是提升社会文明的重要抓手。加快社会信用体系建设对增强社会成员诚信意识，营造优良信用环境，促进社会发展与文明进步具有重要意义。

据了解，有关部门正在积极推进与有关行政部门和司法机关建立失信联合惩戒机制。在经营、投融资、取得政府供应土地、进出口、出入境、注册新公司、招投标、政府采购、获得荣誉、安全许可、生产经营许可、从业任职资格、资质审核等工作中，将信用信息作为重要考量因素，对被列入经营异常名录、严重违法失信企业名单、重大税收违法案件当事人名单、失信被执行人名单、行贿犯罪档案等失信主体依法予以限制或禁入，形成"一处违法，处处受限"的联合惩戒机制。政府立法要密切关注各地方各部门在规范社会主体诚信行为方面好的经验和成熟做法。特别是针对目前法律法规通过事中监管加强风险管理、过程监管，早纠错、"治未病"的作用重视和发挥不够的现状，要积极构建以信用为核心的事中事后监管机制，充分发挥信用监管、信用惩戒机制促进诚信、遵法守德的积极作用。

如何论证制度建设的必要性

潘　波

法律、法规、规章是调整经济社会关系、进行制度建设的基本载体。近年来，无论在学术界还是实务界，一些同志往往把加强立法、完善制度作为解决问题的必须途径、首要途径甚至唯一途径。在有些同志看来，某项工作越重要，似乎就越有制度建设的必要，而且层级越高越好、越管用。然而，调整社会关系的方式除了法律制度外，还有政策、道德、乡规民约、公序良俗等。况且，进行制度建设需要做好大量前期准备工作，开展调查研究，动员有关方面力量，听取意见建议，整个程序延续的时间少则数月、多则数年甚至十几年，势必要耗费一定的公共资源。

法律、法规、规章的数量应当符合国家治理实际需要，既不是越多越好，也不是越少越好。在中国特色社会主义法律体系已经形成的时代背景下，要提高制度建设的质量和效率，应当高度重视制度建设的必要性论证工作。特别是在研究阶段，真正弄清楚实践中存在的问题，其中有哪些问题是需要通过制度建设来解决的，而不是简单地使用“促进经济社会发展”“适应法治国家建设”“加强对某行业、某事项的监管”等肯定正确但过于粗糙的表述方式。

一、必要性论证的基本标准

解决实践中无法可依的问题。我国经济社会发展较快，很多出现的新情况、新问题没有明确的制度依据，制约了行业发展。这些问题往往涉及长远性、持续性的事项，需要具有普遍规范意义、可以反复适用的标准或规范，而且靠规范性文件、行业规则、团体章程、道德约束等难以解决，这就可以考虑制定法律、法规或规章。值得注意的是，应当分清楚完全没有制度依据和已有一些制度、但分布在若干部法律、法规、规章中的情况。如果现有制度之间不存在冲突，而且通过执行现有制度能够有效解决问题，就可以考虑通过编辑法律制度汇编的方式指导实践，打消“无法可依”错觉。

适应全面深化改革的要求。要巩固改革成果，就必须将有普遍适用意义的规则和标准通过制定或者修改法律法规的方式确立下来。从国家治理角度来看，改革的过程实际上就是法律制度大规模建构的过程，改革要突破现有的制度安排，就必须通过立法、修法。对立改废条件不成熟而改革实践又迫切需要的，要按照法定程序作出特别授权的方式进行先行先试。实现立法和改革决策相衔接，做到重大改革于法有据、立法主动适应改革和经济社会发展需要。

保护社会公众和当事人合法权益。党的十八届四中全会审议通过的《中共中央关于全面推进依法治国若干重大问题的决定》明确要求：“行政机关不得法外设定权力，没有法律法规依据不得作出减损公民、法人和其他组织合法权益或者增加其义务的决定。”涉及社会公众、当事人权利义务尤其是限制或剥夺权利、设定义务或者责任的事项，一般应当制定法律或法规。通过立法程序凝聚社会共识，使法律制度反映最广大人民群众的意志。

加强制度权威性和执行力。已有法律、法规、规章虽然对某一问题作了规定，但同一或同类问题在不同地方的规定不一致，甚至相互矛盾，导致各地区各部门在执法工作中掌握的标准和幅度不一致，严重影响执法公平公正。这可以通过立法的方式整合已有制度，规范制度实施的标准，维护法制统一和政令畅通。

二、制度建设的时机和条件

制度出台的时机、条件等问题也是必要性论证的重要内容。制度建设存在障碍的参考标准大致有：一是社会心理不认同，缺乏普遍的民意基础，可能产生道德、伦理等方面的风险。二是拟规范的领域正在或即将进行体制改革、发生重大变化。三是支持和反对意见均具有较强群众性且观点对立，如仓促出台制度有可能产生严重负面影响。四是矛盾和问题暴露得不充分或缺乏系统性调查研究，已掌握的情况不全面。

已有制度的修改完善也要考虑时机，主要有以下情况。一是由于上位法的修改使得下位法必须修改，否则就会导致下位法“违法”。二是由于国家政策的调整需要及时修改制度，如配合“放管服”改革而修法。三是有些制度设定之初处罚标准较低，随着时代条件变化，为加大违法成本而修法。

三、如何选择制度载体

在制度建设中，是制定法律、法规还是规章，也是必要性论证的重要内容，这是一个复杂的问题。是否有上位法授权，可以作为一条参考标准。

有上位法授权。这可分两种情形。一是上位法对法律、法规、规章的设定权限作了规定。比如，行政处罚法规定："行政法规可以设定除限制人身自由以外的行政处罚"；"国务院部、委员会制定的规章可以在法律、行政法规规定的给予行政处罚的行为、种类和幅度的范围内作出具体规定"。如果超出了授权范围，则应当制定更高位阶的法律制度，行政许可法、行政强制法等都有类似规定。再如，修订后的立法法明确授权设区的市的人大及其常委会，设区的市、自治州政府可以对城乡建设与管理、环境保护、历史文化保护等方面的事项制定地方性法规或地方政府规章。二是上位法明确将规则制定权授予特定主体。如证券法明确要求，证券公司为客户买卖证券提供融资融券服务等事项由国务院规定，上市公司收购的具体办法等事项由国务院证券监督管理机构规定。据此，国务院制定了《证券公司监督管理条例》(2014年修订)，证监会制定了《上市公司收购管理办法》(2014年修订)。

没有上位法授权或授权不明确。这要考虑多方面因素，区别处理。如立法法规定，属于本行政区域的具体行政管理事项应制定地方政府规章。这里的"具体行政管理事项"一般指行政机关履行职能所涉及的事项。一旦超出行政机关权限范围，涉及国家权力机关、司法机关职能，以及可能对社会公众权益产生较大影响的事项，则应考虑制定地方性法规，如特定群体的权益保护、行政执法程序与刑事司法程序的衔接等。此外，每年能列入人大立法计划的项目相对较少，而有些工作又迫切需要有制度依据，对于短期内难以列入人大立法计划的项目，可以在不违反上位法规定的前提下，先制定行政法规或规章，将来再上升为法律或地方性法规。

成本效益分析是制度建设必要性论证的一个重要方法。目前，一些地方、部门和学术机构已经开始在大数据调查的基础上，综合运用统计学、经济学、社会学等方法精准分析制度建设的必要性，取得了较好的效果，预计会越来越多地用于制度建设工作中。

第二编

有关制度研究

关于完善备案设定规则研究情况的报告

李明征　倪　娜　范文嘉

一、法律、行政法规中规定备案的基本情况

经梳理，2004 年 7 月 1 日（行政许可法实施之日）至 2013 年 11 月 30 日间制定和修订的 67 部法律中，有商标法、证券投资基金法等 26 部设定了备案，占 39%；219 部行政法规中，有《校车安全管理条例》《征信业管理条例》等 57 部设定了备案，占 26%。有的法律、行政法规还设定了多项备案，如证券投资基金法针对证券公司为证券资产管理客户开立证券账户、证券公司开设证券自营账户等 15 个事项设定了备案。这些备案事项涉及建设、工商、金融、知识产权保护等众多领域。可见，备案是法律、行政法规规定的一种重要行政管理方式。

（一）备案的功能

备案的功能主要是存档备查。通过备案，行政机关可以掌握相对人的相关信息，便于实施有效监管。有的法律、行政法规还规定了行政机关及时公开备案信息，从而衍生出方便公众监督的功能。例如，

《商业特许经营管理条例》第十条规定："商务主管部门应当将备案的特许人名单在政府网站上公布，并及时更新。"

（二）备案的类型

根据相对人实施备案是在行为之前还是行为之后，有事前备案和事后备案两种类型。26部法律规定的都是事后备案。57部行政法规中有《易制毒化学品管理条例》（2016年修订）、《民用核安全设备监督管理条例》（2016年修订）、《放射性物品运输安全管理条例》、《进出口商品检验法实施条例》（2017年修订）、《国内水路运输管理条例》（2017年修订）等5部规定了事前备案。例如，《国内水路运输管理条例》第二十一条规定，停止经营部分或者全部班轮航线的，应当在30日前向社会公布并报原许可机关备案。

根据相对人实施备案是义务还是可以选择，有强制性备案和任意性备案两种类型。26部法律规定的备案都是强制性备案。57部行政法规中只有《知识产权海关保护条例》（2010年修订）规定了任意性备案。该条例第七条规定，知识产权权利人可以依照本条例的规定，将其知识产权向海关总署申请备案。

（三）备案规定存在的问题

从法律、行政法规的有关规定看，目前备案设定缺乏明确规则。这主要表现在两个方面：

从备案实施程序看，有的法律、行政法规规定了备案时限和备案需要提交的材料（如《放射性物品运输安全管理条例》），有的只规定了备案时限，有的只规定了备案需要提交的材料，个别法律、行政法规（如《知识产权海关保护条例》）还规定了行政机关作出备案决定的时限和不予备案的情形，但多数法律、行政法规只规定了对特定活动要进行备案，没有规定任何程序。

从法律责任设定看，26 部法律中，对备案规定了相应法律责任的有证券投资基金法、邮政法等 10 部，占 38%；57 部行政法规中，有《缺陷汽车产品召回管理条例》《对外劳务合作管理条例》等 33 部，占 58%。可见，有不少法律、行政法规未对备案规定相应法律责任。规定了法律责任的，也还存在一些问题：有的法律、行政法规没有明确规定违法构成但规定了法律责任，如证券投资基金法规定，非公开募集基金募集完毕后基金管理人未备案的，要处 10 万元以上 30 万元以下罚款，对直接负责的主管人员和其他直接责任人员给予警告，并处 3 万元以上 10 万元以下罚款，但该法律并没有对非公开募集基金募集完毕后的备案期限作明确规定；有的法律、行政法规设定了多个备案，其中有的规定了法律责任，有的则没有规定，如证券投资基金法对 15 个事项设定了备案，但仅对非公开募集基金募集完毕后未备案这一情形规定了法律责任。

二、完善备案设定规则的初步考虑

经初步研究，我们建议在法规草案中设定备案时，考虑以下四个方面的要求：

一是严格备案设定。备案不是行政许可，是否备案不影响相对人实施具体行为、从事特定活动的效力。但备案也是一种行政管理手段，对公民、法人或者其他组织来说是一种责任，行政机关也要付出相应管理成本。起草、审查法律草案、行政法规草案，要防止以备案名义变相设定行政许可。拟设定备案的，要进行必要性、可操作性论证，可以不设的尽量不设；对于不同行政机关之间可以通过沟通机制实现共享的备案信息，不宜就同一事项设定多项备案、要求相对人向多个行政机关分别备案；对通过设定事后备案能够实现管理目的的，不要设定事前备案。

二是明确备案程序。法律草案、行政法规草案拟设定备案的，要对相对人提交备案的时限、相对人需要提交的材料、行政机关备案的形式和时限等关键内容作出规定，以增强可操作性。具体程序可由规章进行细化。行政机关在法定期限内未明确予以备案的，应视为同意备案。

三是规定法律责任。法律草案、行政法规草案拟设定强制性备案的，要规定“逾期报送备案”“隐瞒有关情况或者提供虚假材料实施备案”等行为应承担的法律责任，以避免有关规定“失之于软”。拟设定任意性备案的，不需要规定法律责任。

四是公布备案信息。为充分发挥备案的功能，可以根据实际需要规定除涉及国家秘密、商业秘密和个人隐私的备案信息外，行政机关应当将备案信息及时公开。

美国政府的依法决策制度及其对完善我国行政决策制度的启示

范文嘉

一、美国行政决策程序制度概况

美国法律上没有统一的“行政决策”概念，行政机关作出的普遍适用的决定以及适用于特定对象的决定都称为“法规”（也译为“规则”）。美国联邦政府和各州制定法规和重大项目决策的做法可以作为完善我国行政决策制度的参考对象。

联邦政府的法规制定程序主要有四种：一是非正式程序。由行政程序法规定，包括通告、评论、最终法规的公布以及生效等环节，其中最主要的是通告和评论。通告是指行政机关将其建议制定的法规草案或主要内容在《联邦登记》上公布，评论是指公众或利害关系人对公布的法规表达意见。联邦政府绝大部分法规据此程序制定。二是正式程序。也由行政程序法规定，与非正式程序的区别主要是在公众参与方面除了通告、评论，还需采用听证和裁决程序。正式程序比较繁琐，实践中应用较少。三是混合程序。由部分国会立法和行政机关内部程序规则发展而来，在公众参与方面的要求低于正式程序而高于非正式程序，由行政机关决定是否在非正式程序基础上增加口头辩论等方式。四是协商程序。由《1990年协商式规则制定法》和《1990年行政纠纷解决法》规定，一般适用于相对简单、影响少部分当事人利益的法规。由相关利益集团和行政机关选派代表，在调解人的主持下举行会谈、制定法规草案后送交行政机关，行政机关将草案公布在《联邦登记》上供公众评论，然后制定最后的法规。

此外，一些国会立法和总统行政命令也会对某类法规制定提出更多要求。如《国家环境政策法》要求行政机关作出对环境产生明显影响的行政决定时必须制作环境影响报告；《规制灵活度法》要求行政机关在制定法规过程中必须详细说明对小企业的影响、听取小企业的意见、研究企业负担较小的方案；总统第12291号行政命令要求行政机关通过非正式程序制定重大法规（指每年产生1亿美元以上的经济后果，或者对美国企业带来重大不利影响、使美国企业在进出口贸易方面比外国企业处于重大的不利地位的法规）时，要作成本效益分析并向白宫管理和预算局汇报，由其审查是否有制定法规的必要。第12498号行政命令要求联邦政府部门每年必须向管理和预算局提出制定法规的年度计划，使管理和预算局对行政机关制定法规程序提前控制。

二、美国行政决策程序的代表性制度

（一）听证制度

法规制定程序中的听证分为正式听证和非正式听证，区别主要有两方面：一是当事人权利不同。正式听证中当事人的权利包括：由无偏见的官员做主持人、得到通知、口头陈述意见和提出证据、交叉询问、听证记录以外的证据不得作为制定法规的根据、司法审查采取实质性的证据标准等。而非正式听证中，当事人只享受上述部分权利，并可以只通过书面方式参与听证。二是效果不同。在正式听证中，行政机关制定法规必须以听证记录为根据。而在非正式听证中，行政机关制定法规虽然必须考虑公众所提意见，但是不受其限制，可以根据所掌握材料以及经验知识制定。实践中，非正式听证程序运用较多。

在建设污水处理场、垃圾焚烧厂等“厌恶性工程”的决策过程中，公众意见是美国政府决策必须考虑的因素，但并非唯一因素，还要考量政治因素、多数人利益等。因此，即使公众强烈反对，也不能完全左右决策结果。在议会立法中，议员会根据各自代表选区的利益进行投票，按多数意见决定，整个过程由电视台进行直播。也就是说，决策过程中，公众意见能够充分且有序地表达，议会和政府也有其成熟的表决或者决策程序，为各方接受决策结果打下了基础。

（二）咨询制度

美国政府十分重视咨询机构的作用，1972 年制定的《联邦咨询委员会法》将咨询作为决策过程的法定程序。决策咨询机构类型多样：一是隶属于政府部门的官方决策咨询机构。如政府部门内部的法律顾问办公室。以联邦教育部法律总顾问办公室为例，其由国会通过法案成立，职责是向教育部长等官员提供法律方面的意见，法律总顾问等 7 人由总统提名任命。二是半官方的决策咨询机构。主要由政府出资，但不隶属于政府，服务对象广泛，不仅限于政府。如兰德公司。三是民间的决策咨询机构，由私人或民间团体创立，独立于其他任何机构，经费自筹。四是大学的决策咨询机构，设立在大学内部，经费来自校方的拨款和私人捐款，研究人员主要是大学教师和研究员。如耶鲁大学经济发展中心。

非官方决策咨询机构在美国政府决策中发挥了非常重要的作用，它们与政府之间签订合同，将研究工作的独立性作为合同的条款，以此来保证自身能够独立地分析研究，并以独立的第三方立场得出结论。这些机构主要通过以下方式影响决策：一是通过实地考察、查阅资料、民意测试等方式进行调查研究，提供背景情况，分析估计形势，为政府决策提供及时、准确的信息。二是接受政府的委托，进行专项课题的调查研究，为政府的决策提供备选方案。三是借助各种媒体，针对重大政治问题，介绍背景、分析由来、发表评论、提出对策，引起公众和舆论的关注，从而达到宣传主张、制造和左右舆论、影响政府决策的效果。四是通过培养、储备和交流，为政府输送决策人才。

（三）行政决策评价制度

美国的行政决策评价制度与政府绩效管理制度密切相关，1993 年颁布的《政府绩效与结果法案》可以说是行政决策评价法制化的集中体现。行政决策评价制度主要有以下特点：一是评价主体多元化。除了政府内部的评估机构外，美国政府对民间机构的评价作用也极为重视。较为著名的民间评价机构如“坎贝尔研究所”，开展大规模的政府绩效评估，并对外公布分数和名次。二是评价过程以公民为中心。

鼓励公民参与，通过设计调查问卷，让公民展开对行政决策满意度的评价，公民也可以直接发起对行政决策的评价项目。三是评价指标重视投入与产出的比率，重视政府财政支出的结果。

政府内部设有一些评估机构，比如，联邦司法部社区警务服务办公室负有对全国的社区警察局进行评估的职责：社区警察局出于公众对警察局工作不满或者上级机构了解工作情况等原因，向此办公室提出申请，办公室进行全面评估后作出评估报告并在媒体上公布，12 个月后再次进行评估，并作出最终报告。民间评价机构更是发达，比如，预算和政策研究中心（Center on Budget and Policy Priorities）是一家无党派倾向的非官方咨询评估机构，由私人或私有基金会提供资金支持，主要工作是研究评估联邦和州的政策对贫困人口的影响，通过发表研究报告、与国会和行政机关工作人员建立联系等途径呼吁政策向贫困人口倾斜。

（四）行政决策的监督和责任制度

美国行政决策问责的传统模式主要有三种：一是行政系统内部“自上而下”的层级问责。二是“自下而上”的选民问责。三是“水平关系”的问责，即基于三权分立体制，由立法机关和司法机关对行政机关展开监督和制约。决策监督和责任制度主要有以下特点：一是注重事前事中监督，议会监督切实有效，司法监督全面有力。国会通过控制预算、规定程序、调查听证等手段对行政机关制定规则进行监督，如议会的各种常设委员会、临时委员会、专门机构对行政部门开展调查。行政机关制定法规、作出裁决、许可、制裁、救济等行为都可成为司法审查的对象。二是开放性问责。决策过程开放透明，《信息自由法》规定了政府信息公开制度，《阳光政府法》规定了行政机关会议公开制度，《行政程序法》以及13563号行政命令等规定了联邦政府部门应当设立档案，将所有作为决策依据或者被考虑过的书面材料、提交给政府部门的书面意见以及听证会记录等材料，通过统一的网站向公众公开，以便公众监督和司法审查。问责主体既有上级领导、普通官员，也有广大民众；既有行政系统内部问责，也有议会、法院的问责，且重视社会团体、选民等外部力量的监督。

三、对完善我国行政决策制度的启示

我国与美国在政治体制、历史发展阶段、依法行政的基础等方面的差异决定了我们不能照搬其决策制度，但是立足我国国情和行政决策实践，可以从美国的制度和实践中得到一些启示：

（一）进一步提高决策透明度，保障公众充分参与

一是行政决策不仅要结果公开，过程也应当逐步公开。探索建立重要会议公开制度，将会议材料向公众开放。决策机关对其作出的所有决定或者在应其要求为决策事项所提供的所有信息、材料里，都要公开详细说明作出决策的理由。二是建立完整、公开的决策档案。借助目前已经具备较好基础的政府信息公开平台，建立尽可能完整的决策档案，除涉及国家秘密、商业秘密或者个人隐私外，按照信息公开的规定向公众开放。三是探索建立民意调查制度，通过科学的调查与

统计方法，如实反映一定范围内的民众对经济社会问题的态度倾向，为政府决策提供参考。

（二）形成多元化机制，进一步完善行政决策咨询制度

一是加强政府内部的行政决策咨询机构。加强政府法律顾问机构和人员队伍建设，注重发挥法律顾问在决策中的作用，保障法律顾问充分参与决策全过程，确保决策符合法律规定、反映公众意见、考虑公众提供的信息。二是培育和发展民间决策咨询组织，积极发挥专家和咨询机构在行政决策中的作用。坚持积极引导发展、严格依法管理的原则，完善社会组织内部治理结构，促进其健康有序发展。逐步完善规范咨询机构的法律法规，确保其独立地研究分析和提出意见。三是建立科学的行政决策评价指标体系。综合运用数学、经济学、统计学、管理学、社会学等多学科知识，加强成本效益分析和绩效评估，通过全方位比较分析，选择最优方案，实现以最小成本获得最大收益。

（三）完善第三方评估制度，发挥外脑优势

第三方评估具有客观、中立、公正的特点，事前评估可以使决策更全面、周延，更具可行性，帮助政府进行决策风险评估，事后评估可以为是否需要调整、完善或终止决策提供参考，或者帮助政府进行危机公关。一是要完善第三方评估相关政策制度，推动第三方评估制度化、规范化，完善对第三方机构的监督和激励机制，提高第三方评估的透明度、独立性、专业性。二是要加强对第三方评估的应用。对于各方争议较大或者涉及利益较广的决策事项，要加强第三方评估。

不仅在评估政策落实情况时发挥第三方评估的作用，也在政策制定阶段、政策执行阶段引入第三方评估。

（四）发挥各方面监督合力，健全行政决策责任制度

为防止决策程序制度被弱化为软约束、软要求，需要健全确保决策机关对决策切实负责的有效机制。一是加强多种形式的监督。加强人大对政府决策的事后监督。健全对行政决策的审计监督，将政府重大投资专项资金使用等决策的执行情况纳入跟踪审计或者效益审计范围。保障舆论监督，强化新闻媒体的监督作用。二是规范行政决策责任追究程序。完善责任追究相关配套制度，比如实行决策绩效评估机制以科学判断决策是否失误，建立决策档案制度以准确识别责任归属；科学设置追责程序，比如实施信息公开以促进问责原则、过程、结果的公开公正；健全决策终身责任追究制度，保证查清失误原因、处理责任人员、落实整改措施。

关于提高公众参与行政立法有效性的思考

陶 杨　　倪 娜

随着委任立法的产生与发展，“法”仅指权力机关制定的法律的狭义理解已被摒弃，行政立法的必要性成为现代法治国家的共识。目前，中国经济社会生活主要方面基本做到有法可依，行政立法的作用不可忽视。

据统计，截止到 2008 年 12 月 10 日，中国现行有效的行政法规 672 件，地方政府规章 8760 件，国务院部门规章 3000 件。随着中国社会主义法律体系的基本形成，在根据经济社会发展需要进一步完善法律体系方面，行政立法还将继续发挥重要的作用。实际上，行政立法的发达并非中国特有的现象。英国行政法学家韦德就指出，立法是一种最富特色的行政行为，仅从数量上看来，大部分法律规范是由行政机关而不是立法机关制定的。[①] 为了切实提高行政立法质量，为经济社会发展提供完善、有效的制度保障，迫切需要通过完善公众参与等方式改进行政立法工作方法，进一步提高行政立法的科学性、民主性。2000 年以来，中国在公众参与行政立法的制度建设方面取得了很

① ［英］威廉·韦德：《行政法》，徐炳等译，中国大百科全书出版社 1997 年版，第 557 页。

大成效，立法法、《行政法规制定程序条例》和《规章制定程序条例》中均规定了行政法规、规章在制定过程中需要通过座谈会、论证会、听证会等形式广泛听取意见；2004 年国务院发布的《全面推进依法行政实施纲要》中要求"改进政府立法工作方法，扩大政府立法工作的公众参与程度"；2008 年国务院颁布的《关于加强市县政府依法行政的决定》和《国务院工作规则》中也提出要完善听取意见制度，推行听证制度。

在中国，公众参与行政立法还处于初步发展阶段，一定程度上还存在着参与事项不够明确、参与方式的选择不够规范、公众参与能力不够高、参与程序和效力不够明确等问题。我们认为，可以从以下几个方面入手，切实提高公众参与行政立法的有效性。

一、参与事项的明确

考虑到中国公众参与行政立法的发展阶段以及立法成本和效率等因素，目前宜确定适当的公众参与范围，明确哪些领域和事项的行政立法应当采用公众参与的方式。

立法法中只列举了行政法规制定过程中听取公众意见的几种形式，而没有明确听取公众意见的范围和事项。《行政法规制定程序条例》[①] 和《规章制定程序条例》[②] 规定了原则性的公众参与范围。如，《行政法规制定程序条例》第二十二条规定："行政法规送审稿涉及重大利

① 本条例已于 2017 年 12 月 22 日国务院令第 694 号修订。

② 本条例已于 2017 年 12 月 22 日国务院令第 695 号修订。

益调整的，国务院法制机构应当进行论证咨询，广泛听取有关方面的意见。论证咨询可以采取座谈会、论证会、听证会、委托研究等多种形式。行政法规送审稿涉及重大利益调整或者存在重大意见分歧，对公民、法人或者其他组织的权利义务有较大影响，人民群众普遍关注的，国务院法制机构可以举行听证会，听取有关机关、组织和公民的意见。”《规章制定程序条例》第十六条规定：“起草规章，涉及社会公众普遍关注的热点难点问题和经济社会发展遇到的突出矛盾，减损公民、法人和其他组织权利或者增加其义务，对社会公众有重要影响等重大利益调整事项的，起草单位应当进行论证咨询，广泛听取有关方面的意见。起草的规章涉及重大利益调整或者存在重大意见分歧，对公民、法人或者其他组织的权利义务有较大影响，人民群众普遍关注，需要进行听证的，起草单位应当举行听证会听取意见。……”根据这两条规定，公众参与行政立法的事项包括涉及重大利益调整或者存在重大意见分歧的事项，涉及社会公众普遍关注的热点难点问题和经济社会发展遇到的突出矛盾，涉及相对人切身利益或对社会公众有重要影响的事项。这种原则性规定直接导致实践中行政立法机关自由裁量空间过大，在决定哪些行政立法事项需要公众参与的时候随意性过大，不利于充分发挥公众参与在行政立法中的作用。

我们认为，现阶段可以由各级行政立法主体根据上述法律、法规的规定，总结本部门、本地区开展公众参与行政立法的实践经验，对哪些应当采用公众参与方式的行政立法事项予以明确和细化，适时制定相关规则、办法等加以规范。例如，可以考虑行政立法涉及公民、法人或者其他组织切身利益的下列事项，应当采用公众参与的方式：

规定行政许可、特许的；规定国家机关收费项目或者标准的；设置义务性规范较多的；设置的行政处罚种类较多、较重的；设置行政强制措施的；等等。

二、参与主体的确定

公众参与行政立法要达到广泛集中民智、深入反映民意的目标，就要进一步提高参与主体的广泛性和参与环节的全面性。

（一）参与主体的广泛性

立法是多元利益博弈的过程，只有尽可能多的相关群体充分表达了自己的意见，才能保障立法活动的公正性和民主性。关于参与主体的广泛性，美国有一种做法是值得借鉴的。在美国的协商式规章制定程序中，行政机关会向利益受到影响的群体作出咨询后选定一个召集人，召集人对即将公布的政策必须完全中立，他负责召集利益受到影响的各方代表，并确定在即将发布的规章里，有哪些需要解决的问题和哪些利益受到了重大影响。这些内容都会由行政机关以通知的形式予以发布。在通知上还会包括这样一个内容，任何人如果认为自己会被即将发布的规章所影响，但没有代表者，就可以自己报名参加，这实际上是对被遗漏的利害关系人的邀请。[①] 在中国，可以考虑在听证会这样正式的公众参与方式中，由组织机构公布参与者的名单和主要

① [美] Philip · J. Harter：《规章制定过程中的公开听证》，载《公众参与行政立法培训研讨会论文集》2008年11月10日（非公开出版）。

观点，相关利害关系人若认为其中没有自己的利益代表者，就可以申请参加，经组织机构同意后成为听证代表。

（二）参与环节的全面性

公众参与应当贯穿于行政立法的各个环节，在制定行政法规、规章的立项、起草、审查、决定和公布等各阶段，都应当允许公众通过各种方式参与其中。目前的公众参与主要集中在行政法规和规章的起草和审查阶段，立项、决定和公布阶段公众参与较少。也有一些地方在积极探索：例如虽然立项主要根据政府部门的申请确定，但是湖南等地通过听证、公开征求意见等方式在立项阶段听取公众意见；[①] 也有一些地方在尝试实行公众旁听政府常务会议制度，即允许公众代表旁听讨论涉及群众切身利益事项的政府常务会议，这将公众参与扩展到行政立法的决定阶段。[②] 公布方式目前主要采用授权媒体发布和政府公报、文件下发等方式，还可以考虑通过村（居）委会、行业组织、社会团体等渠道，将与相关群体密切相关的法规、规章“送法下乡”“送法上门”。

三、参与方式的选择

立法法、《行政法规制定程序条例》和《规章制定程序条例》中

---

① 《湖南首次请公众参加立法计划听证会》，引自 http://news.qq.com/a/20081009/002597.htm，最后访问日期 2008 年 12 月 23 日。

② 如陕西省颁布了《公民旁听市政府常务会议试行办法》、重庆市渝中区出台了《公民旁听政府常务会议试行办法》等。

列举了座谈会、论证会、听证会、书面征求意见等公众参与方式。实践中，通过网络或报纸公开征求意见、走访、民意调查、问卷调查等方式也是公众参与行政立法的重要形式。但是对于在具体的行政法规和规章的制定过程中应当选用何种公众参与方式，目前没有一个统一的标准和明确要求，实践中行政立法机关在选择参与方式时随意性较大。方式选择是否恰当直接影响着公众参与的效果。在公众参与方式的选择方面应当考虑以下几方面的因素：

（一）目的

针对不同的立法项目和具体事项，在不同的立法环节中，通过公众参与达到的目的往往不尽相同，各种参与方式所能达到的效果也不同。因此，应当按照手段与目标相匹配的原则，确定具体的公众参与方式。例如，如果要了解立法中涉及的一些事实问题，可以采用听证会方式；如果要讨论特定的专业技术问题及解决办法，可以采用论证会、座谈会方式；如果是为了尽可能广泛地听取各方的意见、收集多方信息，就可以采用网络、报纸、电视等媒体的形式公开征求意见。

（二）目标群体

方式的选择同样要考虑到不同的目标群体，例如针对专家可采用座谈会、论证会的形式，针对一般公众可以采用公开征求意见、听证会、调查问卷等方式。

（三）成本与效益

成本与效益是经济学中的一对概念，成本效益原则的精髓就在于通过最小的成本付出获得最大的收益，从而实现最高效益。公众参与行政立法必定会加大行政立法的成本，从最理想的状态看，应当尽量减少成本支出，并且尽量获得最大的收益。因此，在选择公众参与方式时，同样要涉及成本和效益的衡量。对于一些涉及军工、生化等特殊领域或行业的行政立法事项，由于专业性较强，为了保证收集到的意见更具针对性，适宜采用专家座谈会、论证会的形式听取意见；对于一些社会普遍关注的行政立法事项，应当通过报纸、网络、手机短信等多种形式向社会公众公开征求意见；当行政立法涉及个人所得税的征收等影响公众重大、切身利益的事项时，则可以采用听证会这种虽然成本较高，但较能满足公众诉求的方式。

四、相关信息的发布

公众参与的有效性以充分掌握与立法事项相关的信息为前提，相应地需要完善信息发布的方式、阶段和持续时间及内容等。

（一）信息发布方式

行政立法机关应当充分考虑到不同的人群接受信息便利的差异，选择与利益相关群体相适应的发布方式。例如，通过网络公开征求意见可以获得丰富的公众意见，但是网络在农村的普及度还不是很高，能够熟练使用网络的人群也主要集中在城市，通过电视、信函，或是在村委会办公地点、公共活动场所等人群集中的地方张贴通知等方式更适合征求农民的意见。再如，对于盲人等残障群体，则应采用盲文制作有关材料或通过广播、电视等有声媒体进行宣传说明。

（二）信息发布的阶段和持续时间

就信息发布的阶段而言，一般来说，有关立法事项方案相对成熟后，至少需要确定若干备选方案，才适宜采取听证会或者公开征求意见的方式；座谈会、论证会既可以等方案相对成熟之后再进行，也可以在更早的阶段进行。就信息发布的持续时间而言，应当以给参与主体比较充分的时间研究立法事项的内容为原则。以通过报纸网络向社会公开征求意见为例，公告的时间不宜少于20日。

（三）信息发布的内容

为了减少不必要的歧义和误解，保障公众能够全面、详细地了解有关法规、规章草案，并且能高效有序地参与到各种征求意见的活动中来，至少应从以下两个方面规范信息的发布：

一是确保内容的全面性。除涉及国家秘密的以外，应当充分公布有关立法事项的内容、背景、重要条款或事项的形成过程等。为了便于公众理解，还应对涉及的专业术语和内容提供通俗性解释或者说明。

二是编写并发布公众参与指南。编写参与指南向公众介绍参与流程、方法，是保障公众参与有效进行的重要措施。例如，对于通过互联网公开征求意见的，可以在组织机关的网站上介绍该征求意见系统的功能、使用方法、注意事项等，还可以提示参与者留下个人信息或联系方式以方便反馈和联络等。对于听证会，可以在参与指南中详细介绍听证会的流程，各环节的主要内容和大致时间，参与人各自的职责、权利和义务，对发言重点内容的提示等。对于座谈会、论证会等，可以包括拟讨论的问题提纲、必要的参考资料等内容。

五、公众意见的采集、处理、反馈

从实践来看，行政立法经过公众参与后往往都会收集到大量的信息，其中相当一部分信息是重复和无效的。因此，要想高效地采集并快速地处理海量信息，以下几个环节是必不可少的：

（一）信息的结构化收集

对于网上公开征求意见[①]、发放调查问卷甚至于座谈会、听证会等公众参与的主要形式，结构化的信息收集可以说是获得有效信息的第一步。所谓信息的结构化收集是指在厘清拟获得信息点的基础上，通过递进式或交互印证式的引导性问题的设置，减少干扰或无效信息，较快获取有效信息的一种采集模式。例如，针对某一法律条款可以设置以下一组问题：该条款是否存在问题；若存在，具体问题有哪些，理由是什么；有哪些修改意见，理由是什么等。另外，为了防止关键信息点的遗漏，还可以设置一些开放性问题作为补充。[②]

① 国务院于2003年至2007年，先后公布了30多件法律草案、行政法规草案，向社会公开征求意见。自2008年起，除涉及国家秘密、国家安全外，所有行政法规草案都通过“中国政府法制信息网”向社会公开征求意见，截至目前，已公布了23件行政法规草案。引自曹康泰：《我国政府法制建设30年》，载《求是》2008年第24期。

② 国务院法制办公室在“中国政府法制信息网”上采用的法规规章草案意见征集系统，就是按照法规规章的物理顺序，采用了设置“修改、不同意、无意见”的结构化信息收集方式。

（二）人机结合的信息处理模式

对于结构性的问题，基本可以通过计算机的模式化分析提取出关键点。例如，可以根据关键词将“问题、修改意见、具体理由”等初步分类。对于没有条件采用计算机的地方，人工梳理结构化的信息也会大大提高工作效率。如对于单纯的数据处理就可以采用一些计量经济学、统计学和社会学的分析工具。[①]对于开放式的问题建议采用分类整理的方式，整理出的内容应当和结构性问题结合分析。

（三）信息的深加工

对于初步归类整理的各类信息，不能只是简单的罗列，深层次的加工分析是非常重要的。一般来说，可以根据法条的逻辑顺序，按照主要问题、有关建议、关键数据等类型对初步统计的信息从纵向和横向进行深层次的比较分析，进一步提炼出有价值的信息。

（四）意见的采纳和反馈

对于经过加工分析的信息，合理的意见应予以采纳，不予采纳的应逐条注明不予采纳的原因。认为公众所提意见比较重大，有分歧的意见，需要进一步听取意见的，可以通过论证会等形式再次听取意见并进行修改完善。对于采纳的情况应及时向公众公布和反馈，以保护公众参与的热情和积极性。[②]意见的公布和反馈可以采用在政府门户

① 如SAS、STATA、EVIEWS等。

② 中国政府法制信息网法规规章草案意见征集系统会主动给留下联系方式的网友做出适当回复和联系。

网站或者公共门户网站上统一公布、通过电话、短信、电子邮件、书信等多种形式。

六、信息的共享

从各地的实践来看，虽然很多地方都开展了大量的各种形式的公众参与立法的活动，但收集到的信息和积累的经验并没有得到有效的整合和交流共享，导致不同地方针对同一事项各自举行听证会、论证会、网上公开征求意见情况的发生。这不但浪费了立法资源，也导致公众参与立法的进程在一定程度上受到影响。因此，有必要建立和完善公众参与立法的统一平台和基础设施，在提高公众参与便利的同时，可以整合各地的公众参与经验，总结一些可以普遍推广的好的方式和做法，提炼出一些具有共性的问题和对策。

关于政府立法中如何更充分听取企业意见的研究报告

李明征　范文嘉

立法应当体现人民的意志，发扬社会主义民主，保障人民通过多种途径参与立法活动。企业是参与政府立法活动的重要主体，政府立法过程应当充分听取企业意见。我们梳理了国务院法制机构在法律法规起草审查过程中的相关做法和存在的问题，调研走访了国务院发展研究中心相关研究所，对改进听取意见的方法提出了建议。现将研究情况报告如下：

一、政府立法中听取企业意见的方式及存在问题

目前，政府立法中听取企业意见主要有四种方式：

（一）通过“中国政府法制信息网”公开征求意见

这种方式的优点是覆盖面宽、成本低。但是也存在一些缺陷：一是很多企业对其在网上所提意见能否获得重视没有信心，缺乏参与积极性。二是无效意见在所有意见中占比较大。三是互联网信息更新很快，通过一个网站将法规草案公开征求意见有时难以获得广泛周知，

有的法规草案收到的有效意见数量很少。

（二）书面征求行业协会意见

征求行业协会意见是法规审查工作中经常运用的方式，效果比较好。但这种方式也存在一些问题：一是行业协会容易被大企业“绑架”，中小企业意见得不到有效反映。非上市公司反映立法中听取意见不充分的比例较高，对行业协会的公信力比较怀疑。二是有的行业协会服务意识和能力不强，对征求意见回应不积极、不认真。从一定程度上看，相比外资企业协会，内资企业协会参与立法积极性不高。

（三）书面征求有关企业意见

从政府立法实践来看，多数企业对书面征求意见回复比较认真，但是这种方式也存在缺点，即对象一般都是大企业、知名企业，代表性不够，覆盖面不广。政府立法中，法制机构也经常采取发放调查问卷方式征求企业意见。

（四）召开座谈会、实地走访企业听取意见

这种方式的优点是可以与企业进行深入交流，缺点是参加的一般都是大企业、知名企业，难以保证覆盖面，且企业在政府有关部门人员在场情况下发表意见往往会有顾虑。

二、改进政府立法听取企业意见的建议

我们认为，提高政府立法听取企业意见的质量，要综合运用网上

征求意见、书面征求意见、召开座谈会、选择有代表性的企业实地调研等各种方式。同时，针对立法中听取企业意见存在的问题，可考虑从以下方面加以改进：

一是建立听取行业协会商会意见的常态机制。建议在国务院年度立法工作计划中明确要求，起草、审查与企业生产经营活动密切相关的法律草案、行政法规草案，起草或者审查部门要充分听取代表各类企业利益的行业协会商会的意见。在具体工作中，既要听取全国性行业协会商会的意见，也要听取地方性行业协会商会的意见；既要听取综合性行业协会商会的意见，也要听取专业性行业协会商会的意见；既要听取大企业协会商会的意见，也要听取中小企业协会商会的意见。据相关研究所介绍，目前全国性的综合性企业协会商会有中国企业联合会、中国工业经济联合会（前两家协会主要代表大企业）、中国物流与采购联合会、中国上市公司协会、中国中小企业联合会（代表中小企业）、中华全国工商联合会、中国民营企业联合会、民营企业家联谊会（后三家协会主要反映民营企业心声）等，专业性协会有中国纺织工业协会、中国冶金协会、中国建材协会、中国化工协会、中国证券业协会、中国广告协会等，各地方行业协会商会也数量众多。

二是听取行业协会商会意见要注意其代表性的全面、平衡。“兼听则明，偏听则暗”，在听取代表一方利益的意见时，一定要选择听取代表其对立面的意见。如在法律草案、法规草案涉及企业和员工利益时，既要听取代表企业利益的行业协会商会意见，也要听取代表员工利益的组织，如全国总工会、共青团中央、全国妇联的意见；在法律草案、法规草案涉及不同企业市场地位、市场准入、市场竞争、政策扶持等方面内容时，既要听取代表大企业利益的行业协会商会意见，更要听取代表中小企业利益的行业协会商会意见，内外资也要注意平衡听取意见。

三是完善网上征求意见方式。与企业生产经营活动密切相关的法规草案在中国政府法制信息网征求意见的，建议法规审查单位同时告知国务院有关部门的法制机构，请其协调在本部门、有关行业协会商会网站主页上发布征求意见信息，建立与中国政府法制信息网征求意见系统的链接，扩大法规草案网上征求意见的影响面。与各省级政府法制机构加强沟通联络，在其网站主页建立与中国政府法制信息网“法规规章草案意见征集系统”的链接，探索选择个别知名商业网站、影响力较大的行业协会商会网站进行链接。

四是选择一些有代表性的企业通过书面征求意见、召开座谈会、登门调研等方式听取意见，既利于提高企业参与立法的积极性和责任感，也有利于我们了解企业的真实想法和意见，从而准确把握实际情况。

五是更加重视听取中小企业、民营企业的意见。相关研究所提出，目前科技型、成长型的中等规模以上企业对国家政策制定关注度高、参与意愿强。

六是探索对政府立法听取意见采纳情况进行反馈。为进一步调动社会各方面参与政府立法的积极性，建议对法律草案、行政法规草案中社会高度关注、意见分歧较大的主要问题，以适当方式公开公众意见的基本情况、采纳情况及主要考虑。

行政立法中法律责任设定问题研究

张 禹　倪 娜　许 驰

设定法律责任是行政立法中不可或缺的一项内容，既是重点，也是难点。对行政立法中的法律责任设定问题进行研究，梳理当前实践中存在的各种问题，探索行政立法中法律责任设定的基本理念、基本原则和具体规则，有助于加深我们对法律责任设定问题的规律性认识，增强法律责任设定的科学性、规范性和有效性，提高行政立法的质量和效益，为立法实施奠定坚实基础、提供可靠保障。

一、行政立法中法律责任设定问题概述

（一）行政立法

“行政立法”不是一个正式的法律术语，而是一个学理上的概念。关于其内涵，从不同角度出发可作不同的理解。本文研究的“行政立法”是指有关行政机关起草法律草案和地方性法规草案，制定行政法规、规章的立法活动的总称。在我国目前的立法体制下，该种意义上的行政立法是行政机关的一项重要法定职责。

（二）法律责任设定

“法律责任”是法理学上的一个基本范畴。针对其含义，尽管国内外学者提出“义务说”“后果说”“责任说”“手段说”“状态说”“负担说”等多种观点，但都普遍认为，法律责任一般应具备以下特征：(1) 行为人依法负有某种作为或者不作为的义务，这是法律责任产生的基础和前提；(2) 行为人违反了法定义务，实施了违法行为，这是法律责任产生的根据和原因；(3) 行为人因违法行为而承担某种不利的法律后果，这是法律责任的主要外在表现形式；(4) 行为人应承担的不利后果由法律规定，并以国家强制力保证其实现，即法律责任具有强制性，体现国家意志性，这是法律责任和道德责任的主要区别所在。

“法律责任设定”是立法的一项重要内容，其实质是对特定情形的违法行为规定相应的法律后果，使有关主体惮于接受法律制裁而放弃实施违法行为，或者使违法者因接受法律制裁而不敢再次实施违法行为，从而达到一般预防和特殊预防的效果，维护基本的社会秩序和人民群众的合法权益。从社会调整的角度看，法律作为一种重要的社会调整手段，其作用机制主要是通过法律权利、法律义务的设定为社会个体确定行为的边界，明确具体的行为指引，从而促成社会目标的实现。同时，考虑到实践中不可避免会出现社会个体违反法律义务、侵犯法律权利的现象，法律需要对此给出相应的处理，从而使法律本身得到严格而正确的实施，使违法者重新回归到守法的轨道上来，这种处理就表现为“法律责任设定”。从这个意义上讲，法律责任设定不仅是保障法律实施的重要机制，是法制不可缺少的环节，而且是实现社会调整目标的法制保障。

根据不同的标准，法律责任可作不同的分类。最基本也是最重要的一种分类方法是，按照行为违反的具体法律规范的不同，或者说引起法律责任的行为性质的不同，将法律责任分为刑事法律责任、民事法律责任、行政法律责任和违宪责任等四种。从实践情况看，行政立法中设定的法律责任主要是行政法律责任，部分地也会涉及民事法律责任和刑事法律责任。基于这一现实，本文将行政法律责任设定问题确定为研究的重点，同时也对三种法律责任之间的分野与衔接，以及行政立法中民事法律责任、刑事法律责任设定自身存在的问题进行探讨和研究。

（三）行政法律责任

行政法律责任是指违反行政法上义务而依法承担的不利后果。与民事法律责任、刑事法律责任相比，行政法律责任具有以下特征：(1) 产生原因：有关主体违反了行政法律规范，破坏了行政管理秩序；(2) 责任形式：具有较为严厉的制裁性，例如罚款、吊销证照、拘留、撤职等，这与民事法律责任形式重在补偿和恢复不同，而刑事法律责任的严厉程度更甚；(3) 责任追究：行政法律责任由行政机关主动追究，这与民事法律责任由私法当事人自行追究、刑事法律责任主要由检察机关追究不同。

以责任主体为标准，行政法律责任可以分为：(1) 行政相对人的法律责任，即公民、法人和其他组织违反行政法义务而承担的法律责任，其主要表现形式是行政处罚，此外还包括被行政机关责令承认错误、赔礼道歉、消除影响、履行法定义务、恢复原状、返还原物、赔偿损失等。① (2) 行政主体的法律责任，即行政机关、法律法规授权组织违法行使行政职权或者不依法履行行政职责而承担的法律责任，主要表现形式有通报批评、承认错误、赔礼道歉、恢复名誉、消除影响、停止违法行为、撤销违法行政行为、纠正不当行政行为、行政赔偿等。(3) 行政机关工作人员的法律责任，即行政机关工作人员因违反行政法义务而依法由其个人承担的法律责任，主要表现形式是通报批评、追偿、行政处分等。

在行政相对人的法律责任中，行政处罚是最主要也是最重要的一种。以处罚性质为标准，其可以分为：(1) 申诫罚，即是行政机关对违法者的精神或者声誉施加压力，以防止其继续违法。主要包括警告、训诫、责令具结悔过、通报批评等。(2) 财产罚，即对违法者的财产权益进行限制或者剥夺。主要包括罚款、没收违法所得、没收非法财物等。(3) 资格罚，即限制或者剥夺违法者从事某种活动的权利或者资格。主要包括责令停产停业、暂扣证照、吊销证照、从业禁止等。(4) 人身罚，即限制违法者人身自由，主要包括拘留等。这是行政处罚中最严厉的一种。

从客观效果上看，行政法律责任具有以下基本功能：(1) 惩罚功能，即惩罚违法者，使其承受违法的代价；(2) 维护功能，即处理违法，

---

① "承认错误、赔礼道歉""消除影响""恢复原状、返还原物""赔偿损失"这些责任形式一般认为属于民事法律责任形式，因为发生于平等主体之间，具有恢复性和补偿性。但是在行政法上，如果行政机关责令有关相对人作出上述行为，则相对人作出这些行为的性质就不再是承担民事法律责任，而变成了承担行政法律责任，主要理由是：责任的产生并非源于私法主体的权利主张，而是源于行政机关的命令，即这些责任是行政机关基于行政法的规定和行政管理职责而要求其承担的。

维护正常的行政管理秩序；(3) 教育功能，即迫使违法者意识到自身错误，促使其他人引以为戒并自觉遵守法律；(4) 预防功能，即通过惩罚和震慑，使违法者不再违法，使其他人放弃违法的念头。在某些特定情况下，行政法律责任还具有救济功能，即对特定当事人因违法遭受的损失予以补偿，例如责令赔偿损失等。

二、法律责任设定的现状与问题

（一）法律责任设定概况

新中国成立后，特别是改革开放以来，中国社会主义法制事业发展迅速。伴随着依法治国、建设社会主义法治国家方略的提出，我国立法在数量和质量上都有大幅提高，法律责任设定的重要性日益受到肯定和重视，呈现出不断规范和完善的趋势。据统计，我国从 1979 年初至 2006 年 11 月底颁布的法律、行政法规中，现行有效的共有 941 部（法律 301 部，行政法规 640 部），其中 667 部设定了法律责任，占法律和行政法规总数的 70.9%(其中，法律 189 部，行政法规 478 部，分别占法律、行政法规总数的 62.8% 和 74.7%)。责任设定的具体情况见表一。

表一　法律、行政法规设定法律责任情况

	法　律		行政法规	
	数量	比例	数量	比例
总计	301		640	
无法律责任	112	37.2%	162	25.3%

续表

	法　律		行政法规	
有法律责任	189	62.8%	478	74.7%
设有行政法律责任	177	58.8%	467	73.0%
设有民事法律责任	96	31.9%	149	23.3%
设有刑事法律责任	168	55.8%	346	54.1%
仅设行政法律责任	13	4.3%	102	15.9%
仅设民事法律责任	4	1.3%	5	0.8%
仅设刑事法律责任	5	1.7%	5	0.8%

从历史变迁情况看，在法律、行政法规中设定法律责任总体上呈上升趋势，表明立法者对法律责任作用的日渐重视和立法技术的逐步完善。

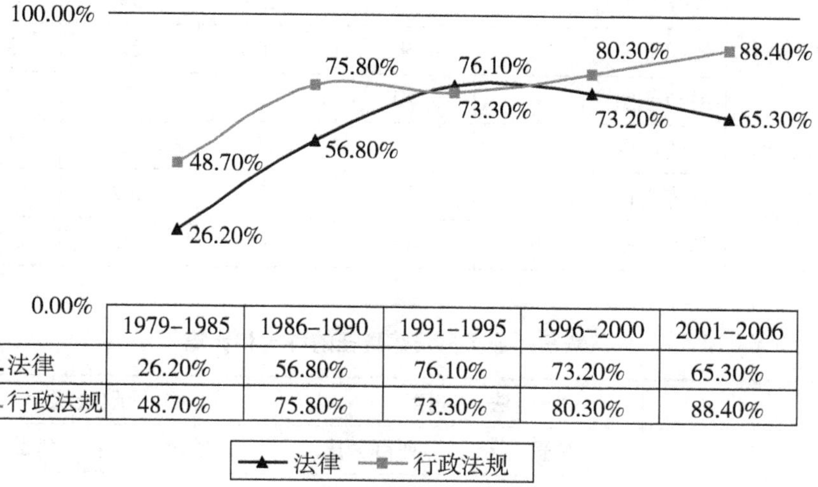

	1979–1985	1986–1990	1991–1995	1996–2000	2001–2006
法律	26.20%	56.80%	76.10%	73.20%	65.30%
行政法规	48.70%	75.80%	73.30%	80.30%	88.40%

图一　法律责任设定变迁轨迹

（二）行政法律责任设定概况

据统计，我国从1979年初至2006年11月底颁布且现行有效的

941部法律、行政法规中，有644部设定了行政法律责任，占法律和行政法规总数的68.4%（其中，法律177部，行政法规467部，分别占法律、行政法规总数的58.8%和73.0%），占设定了法律责任的法律和行政法规总数的96.6%。具体种类及对应比重见下表。

表二　行政相对人法律责任的种类和比重

责任类型	责任形式	法　律		行政法规	
		数量	比例	数量	比例
	总计	301		640	
申诫罚	警告	58	19.3%	169	26.4%
财产罚	罚款	111	36.9%	271	42.3%
	没收违法所得	79	26.2%	178	27.8%
	没收非法财物	30	10.0%	98	15.3%
资格罚	责令停产停业	50	16.6%	99	15.5%
	暂扣证照	9	3.0%	22	3.4%
	吊销证照	70	23.3%	172	26.9%
人身罚	行政拘留	20	6.6%	9	1.4%
其他	笼统责任	76	25.2%	202	31.6%
	其他形式	47	15.6%	178	27.8%

表三　公务员法律责任的种类和比重

	法　律		行政法规	
	频数	列百分比	频数	列百分比
警告	4	2.3%	17	3.6%
记过	4	2.3%	15	3.2%
记大过	3	1.7%	22	4.7%
降级	9	5.1%	49	10.4%

续表

	法　律		行政法规	
	频数	列百分比	频数	列百分比
撤职	9	5.1%	55	11.6%
开除	11	6.3%	34	7.2%
行政追偿	1	0.6%	8	1.7%
笼统处分	129	73.7%	248	52.4%
其他	5	2.9%	25	5.3%
总计	175	100.0%	473	100.0%

（三）行政立法中法律责任设定存在的问题

当前，我国行政立法中的法律责任设定主要存在以下问题：

1. 法律责任条款缺失

立法通过权利义务设定实现其目标，而法律责任是权利实现、义务履行的根本性保障机制。没有法律责任，立法目标的实现就只能寄希望于人们的自觉和法外力量，法治就会因为法本身的软弱无力而变成空中楼阁。而实践中，由于对法律责任缺乏足够重视，在立法中只设定法律义务、不设定法律责任的情形仍在一定范围内大量存在，主要表现在许多立法根本不设定法律责任。据统计，在1979年初至2006年11月底期间颁布且现行有效的941部法律、行政法规中，有37.2%的法律和25.3%的行政法规未设定法律责任。

2. 过分强调法律责任的惩罚功能

从表二可以看出，目前立法中设定法律责任时更多依赖的还是财产罚、资格罚和人身罚等惩罚型的法律责任形式，过于偏重法律责任的惩戒功能，设定警告、通报批评等教育型法律责任较少，尤其是许多更适宜设定教育型法律责任或者说通过教育型法律责任即可解决问题的，却一概设定了惩罚型法律责任。[①]这不仅浪费了立法资源，而且容易造成执法困难、执法关系紧张，甚至有可能给执法创收、权钱交易等腐败行为提供机会。同时，由于法律实施主要还是要依靠相对人的自觉遵守，而教育和引导能够较好地激发相对人对法律的认同，调动相对人守法的积极性，有利于培养公民在法律实施中的主体地位和自觉意识，从而实现以较少成本提高公民法律意识的目标，过多的制裁甚至有可能使法律责任设定失去效用。

3. 忽视对行政主体和公务员法律责任的设定

由于长期受“义务本位”思想的束缚，许多行政立法者认为行政立法就是对相对人的“管理法”，行政法律责任就是行政相对人违法应当承担的法律责任，因而侧重于规定行政相对人的法律责任，而对行政主体和公务员违法时应承担的法律责任则规定得较少甚至根本不作规定。[②]据统计，在 1979 年初至 2006 年 11 月底期间颁布且现行有效的 301 部法律中，规定公务员法律责任的仅有 175 处，而规定行政相对人法律责任的数量则要远远大于这个数字。由此导致的后果是，行政立法对行政机关的刚性约束不够，部分行政机关对法律实施的严

① 例如，个人因不知法而在铁路桥梁跨越的河道上下游依法禁止采砂的范围内采了少量砂，根据《铁路运输安全保护条例》（2014 年 1 月废止）第七十三条的规定，该行为应直接处以 1 万元以上 10 万元以下的罚款。

② 例如，《外资保险公司管理条例》对外资保险公司的设立规定了严格的审批程序，但是对于中国保监会违法审批应承担的法律责任则只字未提。《商用密码管理条例》等法律、行政法规甚至设定“罚则”，仅仅对相对人的法律责任作出规定。

肃性和强制性认识不足，在严格履行法定义务、确保法律实施方面缺少必要的压力，拥有过大的裁量权限，难以对之进行有效的监督制约。

4. 法律责任设定过于原则和笼统

从法律实施的角度看，法律责任设定的目的在于为执法机关追究有关主体的法律责任提供直接的法律依据。然而目前我国部分行政立法在设定法律责任时，规定得比较原则和笼统，对究竟应当追究何种具体的法律责任则不予明确。主要有两种表现形式：一是仅规定要“依法追究法律责任”；二是仅规定要追究某一种类的法律责任，例如“并处罚款”“给予行政处分”等。实践中，这种笼统设定法律责任而不加以具体指明的行政立法数量很多。据统计，在1979年初至2006年11月底期间颁布且现行有效的301部法律、640部行政法规中，有75部法律、202部行政法规存在笼统规定行政相对人法律责任的情形，分别占法律、行政法规总数的24.9%、31.6%；在规定公务员法律责任时，法律有129次、行政法规有248次笼统规定给予行政机关工作人员行政处分，分别占法律、行政法规规定公务员法律责任总频数的73.7%和52.4%。笼统规定法律责任削弱了法律规范的可操作性，会给法律责任追究带来困难，同时也容易给权力滥用、徇私徇情等制造机会，造成相同的违法行为承担不同的法律责任等问题。

5. 法律责任设定不科学

法律责任设定本身是一种立法行为，是通过规则调控社会生活的一种方式。只有做到科学设定，才能得到社会的认同和遵守，才能真正实现立法预期。我国部分行政立法在这方面存在明显缺憾，其合理性引发广泛质疑，这是其在实践中难以得到执行的一个客观原因。其主要表现：一是对违法行为的具体情况不加区分，不考虑违法行为的性质、情节、危害程度等因素，在设定法律责任时对某一类行为仅设定一种单一的处罚方式。[①] 二是不同立法或者不同条文在对相近违法行为设定法律责任时，强度失衡，有失公正，对较重的违法行为设定较轻的责任，对较轻的违法行为设定较重的责任。[②]

6. 不同立法在法律责任设定上不够协调

法律责任设定作为立法中一项重要内容，必须服从法的效力位阶，遵循法的统一性原则，维护法律体系整体的统一。从实践情况看，目前部分行政立法只关注自身，缺乏对立法体系整体性、全局性的把握，在立法体系内部造成了许多的冲突和不协调，损害了法律体系的统一和尊严，也容易给执法造成困扰。主要表现在：一是下位法设定的法律责任与上位法抵触。[③] 二是同一位阶的法律针对同一违法行为设定的法律责任不一致。[④] 三是同一部立法的不同条文间在设定法律责任

① 例如，治安管理处罚法第四十九条规定，故意损毁公私财物的，处五日以上十日以下拘留，而无论涉案财物价值多少，这样规定很容易导致过责严重失衡的现象出现；《危险化学品安全管理条例》第六十七条规定，危险化学品运输企业运输危险化学品，中途停车住宿未向当地公安部门报告的，处2万元以上10万元以下罚款，当事人对此常常感到无法接受，小运输企业更是无力承担，实践中这一规定往往无法执行。

② 例如，治安管理处罚法第四十三条规定，殴打他人的，处五日以上十日以下拘留，并处二百元以上五百元以下罚款，而四十二条规定，殴打证人的，处五日以下拘留或者五百元以下罚款，情节较重的，才处五日以上十日以下拘留，可以并处五百元以下罚款。

③ 例如，根据《贵州省产品质量监督条例》第三条、第二十六条的规定，生产者、销售者伪造或者冒用产品的产地、厂名、厂址的，责令公开更正，没收违法所得，并处违法所得一倍以上五倍以下的罚款；而产品质量法第五十三条规定，伪造产品产地的，伪造或者冒用他人厂名、厂址的，责令改正，没收违法生产、销售的产品，并处违法生产、销售产品货值金额等值以下的罚款；有违法所得的，并处没收违法所得；情节严重的，吊销营业执照。

④ 例如，针对伪造驾驶证的行为，道路交通安全法第九十六条规定，由公安机关交通管理部门处二百元以上二千元以下罚款，构成犯罪的，依法追究刑事责任。而治安管理处罚法第五十二条规定，伪造国家机关公文、证件、证明文件、印章的，处十日以上十五日以下拘留，可以并处一千元以下罚款。

方面不统一。①

7. 表述不够准确和规范

立法是一门科学，用语应当规范、准确、简洁，逻辑应当清楚、严密，不能产生歧义或者难以理解。而我国目前部分行政立法在这方面存在明显缺陷，容易引起误解，例如土地管理法第七十八条规定，无权批准征收、使用土地的单位或者个人非法批准占用土地的，超越批准权限非法批准占用土地的，不按照土地利用总体规划确定的用途批准用地的，或者违反法律规定的程序批准占用、征收土地的，“其批准文件无效”，这样的表述容易造成误解，即有批准文件是非法批地行为的构成要件，但实践中很多非法批地行为并无批准文件，而是采取口头同意用地或以领导批示、会议纪要等形式批准用地等，正确的表述应为“批准行为无效”。

8. 行政法律责任与刑事、民事法律责任衔接不好

如前所述，行政立法中主要规定行政法律责任，也会部分地对民事法律责任和刑事法律责任作出规定，但通常行政立法在规定民事、刑事法律责任时采取的是概括式或者援引式，不直接设定民事、刑事法律责任，而要靠适用其他的民事法律和刑事法律来确定具体的法律

① 例如，土地管理法第七十三条规定，买卖或者以其他形式非法转让土地的，由县级以上人民政府土地行政主管部门没收违法所得；对违反土地利用总体规划擅自将农用地改为建设用地，限期拆除在非法转让的土地上新建的建筑物和其他设施，恢复土地原状，对符合土地利用总体规划的，没收在非法转让的土地上新建的建筑物和其他设施；可以并处罚款；对直接负责的主管人员和其他直接责任人员，依法给予行政处分；构成犯罪的，依法追究刑事责任。第八十一条规定，擅自将农民集体所有的土地的使用权转让用于非农业建设的，其法律责任则是由县级以上人民政府土地行政主管部门责令限期改正，没收违法所得，并处罚款。前者是一般性条款，后者是特别条款，但对于非法转让土地用于非农业建设却规定了不同的法律责任。

责任。由此就产生了行政法律责任与民事、刑事法律责任的衔接问题。

从实践情况看，行政法律责任与民事、刑事法律责任的衔接主要存在以下问题：一是行政立法对刑事法律责任作出规定，但在刑法中找不到对应条款，导致行政立法中的刑事法律责任规定成为一纸空文。[①] 二是行政立法设定民事法律责任或者刑事法律责任时采取过于概括的表述方式，典型如"构成犯罪的，依法追究刑事责任"，所指不明确，给理解和适用造成困难。三是行政立法在设定行政法律责任时，忽视民事法律责任的优先地位及行政法律责任与民事法律责任的衔接，导致行政法律责任的实现影响甚至阻碍了民事法律责任的实现。除证券法、企业破产法等少数立法外，我国多数行政立法在行政法律责任和民事法律责任的衔接上都存在这个问题，往往只规定行政处罚，不管违法者是否需要承担民事责任以及民事责任能否得到实现。[②]

三、对　策

改革开放以来，中国的法治建设取得了长足进步，但是"建设法

① 例如，《现役军人和人民武装警察居民身份证申领发放办法》第十六条规定，军队、武装警察部队有关人员在现役军人、人民武装警察居民身份证申领和发放工作中，故意提供居民身份证登记项目虚假信息，或者泄露个人信息，构成犯罪的，依法追究刑事责任，但现行刑法中却没有相应的条款。

② 例如，产品质量法第四十九条规定，生产、销售不符合保障人体健康和人身、财产安全的国家标准、行业标准的产品的，责令停止生产、销售，没收违法生产、销售的产品，并处违法生产、销售产品（包括已售出和未售出的产品，下同）货值金额等值以上三倍以下的罚款；有违法所得的，并处没收违法所得；情节严重的，吊销营业执照；构成犯罪的，依法追究刑事责任。实践中，这种违法行为通常都会对其他公民的合法权益造成损害，需要承担相应的民事侵权责任，而现行法律关注的显然只有行政法律责任问题。

治国家”仍然任重道远。为此，不仅需要提高公众的法律意识、严格执法，更需要在法律责任设定上下功夫。从预防和震慑违法、引导和规范行为的角度看，法律责任设定是法律机制解决社会问题的首要环节，更是社会综合治理的关键。适应经济社会发展和全面依法治国的需要，探索提出行政立法中法律责任设定的理念、原则和规则，以切实增强法律责任设定的科学性、规范性和有效性，已成为一项重要而紧迫的任务。

（一）行政立法中法律责任设定的基本理念

行政立法中法律责任设定的基本理念，是指行政立法者在设定法律责任时应当遵循的价值判断和观念指引，对于行政立法中法律责任设定的原则和规则的确定具有指导作用。从内涵上看，它不仅需要体现法治的普遍精神，而且还反映着一国特有的法治文化，并基于对特定时期社会客观需要的适应和调整而呈现出某种时代性。

1. 预防为主

法律是一种社会调整的机制，具有确认、规范、指引等多种功能。就法律实施的效果而言，对违法者追究法律责任毕竟是少数，法律实施更多依赖的还是个体自觉守法。因此，能否引导更多的人主动守法，有效预防和减少违法的发生，是法律实施效果好坏的根本决定因素，而立法中的法律责任设定又是这一目标能否实现的首要环节和关键要素。法律责任设定得好，可以充分发挥一般性预防的作用，有效遏止个体的违法冲动，使其趋向于守法；法律责任设定得不好，个体就很容易在投机获利的欲望驱使下违法。

从目前实践情况看，一些社会高度关注，与人民群众生命、健康、财产安全密切相关的违法现象仍然普遍存在，难以得到有效遏制，在食品、环保、采矿等领域尤其突出，这表明法律责任设定并非真正起到预防违法的作用。法律责任设定不够严密，责任过轻，违法成本过低，对违法者缺乏强有力的震慑，是其中的主要原因。

贯彻预防为主的立法理念，要求行政立法在设定法律责任时做到两个“必须”：

一是必须做到“应设即设”，凡是有必要明确法律责任的违法行为都必须进行责任设定，以形成“法网恢恢，疏而不漏”的法律责任体系，使个体的违法行为始终置于法律责任的严密监控之下，不能出现有强制义务而无法律责任的情形。为此，有必要建立一种法律义务与法律责任相对应的立法机制，即凡是立法中规定了某种法律义务，而这种义务在性质上又属于必须严格履行的强制性法律义务而非倡导性的道德义务，则必须设定相应的法律责任。

二是必须做到“设则有效”，即设定的法律责任必须达到必要的强度，能够给予违法者足够力度的惩罚，使其慑于法律责任的严厉而放弃违法。制度经济学告诉我们，人具有经济人的天性和投机取巧、趋利避害的本能，在选择是否违法时会进行成本效益核算。如果违法被发现的可能性很小，即使被发现需要接受的惩罚也比较轻，即违法成本比较小，违法收益远远超出承担法律责任给其带来的损失，则法律规定等于是一个无效命令，无法阻止违法的发生；而如果人们发现违法收益大大低于潜在的违法成本，则会转而选择守法。为此，设定法律责任时要在立法机制和方法上下功夫，注重成本效益分析，在综合考虑执法成本、守法成本、违法行为发生的概率和可能取得的经济社会效益等多种因素的基础上，借助有关部门和专家的力量进行全面、严谨、细致的科学估算，并据以合理确定违法成本。

2. 惩罚与教育相结合

行政立法中规定的法律责任形式，存在轻重程度上的差异，因而可以区分为不同的层次。以行政处罚为例。警告属于较为轻微的申诫罚，主要的作用机理在于施加精神压力，以宣示法律、警示教育、督促守法，及时引导其回归守法的轨道，即侧重于教育。而罚款、没收、暂扣或者吊销证照、拘留等则属于较为严重的处罚，主要作用机理在于直接对相对人的财产、资格、人身等进行限制或者剥夺，以强制方法对相对人施以严厉制裁，强迫其回归到守法的轨道上来，即侧重于惩罚。从性质上讲，侧重教育的责任形式和侧重惩罚的责任形式各有其有效的适用范围。行政立法应当协同发挥二者的作用，尤其要充分认识教育型法律责任在推进依法行政，建设法治国家、服务型政府、社会主义和谐社会中的重大意义，注重更多发挥教育型法律责任的作用，使其与惩罚型法律责任能够合理分工、有机配合、相得益彰。具体而言，在设定教育型法律责任方面，应当遵循以下三点要求：

一是只有针对情节较为轻微、社会危害性不大，而且并非情况特别紧急的行政违法行为，或者对违法者精神、名誉施加不利影响能有效促使违法者回归守法，从而更加有助于立法目的的实现时，才有必要设定教育型法律责任。这是教育型法律责任的适用范围。超出这一范围的违法行为，应直接适用惩罚型法律责任。

二是如果仅设定警告等教育型法律责任形式即可有效解决问题，

就应当单独设定教育型法律责任。[①] 从根本上说，立法的目的不在于单纯地惩罚违法，而在于从根本上减少和消除违法。因此，当教育型法律责任能以成本较低、更为简便、更为相对人接受的方式纠正违法、实现社会调整目标时，就应当大胆适用，这样才更加符合立法目的。

三是教育型法律责任的效力有限，无法解决所有问题，因此应在教育型法律责任与惩罚型法律责任之间建立一种适用上的梯度关系，即对于前述违法行为，先设定警告等教育型法律责任，同时设定罚款、没收、吊证、拘留等惩罚型法律责任作为必要的补充手段备选。这样，行政机关在教育型法律责任可能无法奏效时，直接适用严厉的惩罚型法律责任，以确保法律得到严格遵守。

3. 科学设定

法律责任设定，本质上是要通过对违法者的权益施加不利影响，以实现既定的社会调整目标。这种立法目的能否转化为社会现实，在很大程度上取决于法律责任设定本身是否科学。如果法律责任设定不够科学，就有可能给理解、认同、执行法律造成困难，最终损害法律的权威。

从实践情况看，行政立法中法律责任设定的科学性日益受到社会各界广泛关注。主要问题在于：行政立法设定法律责任的形式、内容和幅度时往往缺乏科学的计算和考量，具有一定的随意性，以至于执法过程中公众、执法机关对某些法律责任条款的合理性和可操作性都提出了质疑。

① 从性质上讲，教育型法律责任是可以单独适用的。

我们认为，科学设定行政立法中的法律责任，需要做到以下几点：

一是条文表述要明确。法律责任条款是违法行为发生后，执法机关追究违法者责任的直接依据，必须在用语和表述上字斟句酌、仔细考究，在保证通俗易懂、言简意赅的同时，真正做到意思清楚、行文规范、逻辑严谨，能够给执法机关提供明确的行为指引，给相对人相对确定的违法成本预期，不能存在歧义理解。[①] 为此，有必要加强立法技术尤其是立法用语规范的研究。

二是责任形式要合理。在行政立法中，不同的法律责任形式具有各自的特点和作用机理，因而有各自恰当的适用范围，不能混淆、混同。这就需要做到三个“适应”：(1) 违法行为的性质要与责任形式的性质相适应，即民事、行政、刑事违法行为应分别设定民事责任、行政责任和刑事责任。(2) 违法行为的种类要与责任形式的种类相适应。例如，罚款主要作用在于阻止行为人由不法行为获得不法利益，主要适用于经济违法活动；没收主要针对标的物会危及大众或有被利用为犯罪或违反秩序行为的危险；吊销证照主要适用于破坏经济秩序者或因其营业而造成危害者；拘留则主要针对行为人的行为具有危险性，会造成立即或持续的侵害。(3) 违法行为的轻重程度要与责任形式的轻重程度相适应，即对于轻微的违法行为，应设定警告等较轻的法律责任形式；对于严重的违法行为，应设定较重的法律责任形式。

---

① 国务院《全面推进依法行政实施纲要》在“提高制度建设质量”部分已经提出明确要求，“法律、法规、规章和规范性文件的内容要具体、明确”，“内在逻辑要严密，语言要规范、简洁、准确”。

三是责任强度要合理，即法律责任的严厉程度要与行政违法行为的性质、情节、社会危害性等保持协调，不能畸轻畸重，既要达到有效遏制违法的目的，又要合理可行。为此，在设定法律责任时应综合考虑以下因素：(1) 主观方面。虽然一般情况下违法即视为存在过错，即不应排除特定情形视违法者主观方面的差异（如故意、过失或者无过错）而设定不同的法律责任。(2) 主体。自然人与法人、特殊自然人（如精神病人、盲聋哑人、未成年人、执法人员）与普通自然人的责任强度在许多情形下应当有所区别。(3) 客体。在生产经营、社会管理、国家安全等领域，违法行为侵害的社会关系不同，法律责任强度通常也应不同。(4) 客观方面，如违法行为的具体情节、社会危害性、造成的损害后果等。根据上述四方面因素的差异，行政立法在设定法律责任时通常应该给出必要的梯次，便于执法机关在轻重不等的法律责任设置时“看方抓药”。

四是归责要合理。尤其要注意几点：(1) 要准确区分个人责任和个人所属单位的责任，该个人承担的责任不能让其单位承担，该单位承担的责任不能让个人承担。(2) 要厘清行政法上的授权委托关系，让法定授权人和委托人切实承担起法律责任。(3) 在设定行政主体或者行政执法人员法律责任的同时，要对相关行政行为的效力一并作出界定。

4. 依法设定

尽管法律责任设定本身可以创制法律规范，但其本质上也是一种立法行为，要受到法治原则的拘束。因而，依法设定法律责任，是行政立法过程中必须遵守的一项基本要求。

依法设定法律责任，主要包括三方面内容：

一是从设定内容上看，要遵循法律保留原则。本课题所言的行政立法包括起草法律和地方性法规草案、制定行政法规和规章，而我国立法法第八条、第九条正式确立了“法律保留原则”，即“有关犯罪和刑罚、对公民政治权利的剥夺和限制人身自由的强制措施和处罚”，“只能制定法律”，这就意味着行政机关在起草地方性法规草案、制定行政法规和规章时，不能够设定刑罚、剥夺政治权利、限制人身自由的行政处罚等三种法律责任形式。

二是从设定主体上看，要严格遵守法定的设定权限。即行政机关能够设定哪些法律责任，并非完全由行政机关自身决定，而要受设定权限的制约。例如，行政处罚法第九条、第十条、第十一条、第十二条、第十三条对法律、行政法规、地方性法规、部门规章、地方政府规章能够设定何种行政处罚作了明确规定，这就确立了有关行政机关在行政立法中设定行政处罚的权限。

三是从设定效力上看，要保证法律体系的统一性。法律责任条款本质上是一种法律规范，是法律、法规或者规章的重要组成部分。由于法律体系中法律、法规和规章之间存在高低有序的效力位阶，下位法应当服从上位法，因而这些立法中的法律责任条款彼此间也应遵守这一效力位阶，即低层次的法律责任条款不能与高层次的法律责任条款抵触。

5. 行政、民事、刑事责任良好衔接

行政立法中设定的法律责任主要是行政法律责任，但也包括民事责任和刑事责任，它们都有助于实现立法目标。行政立法中的责任衔接问题，实质是行政立法中如何设定刑事和民事责任的问题。做好行政立法中法律责任设定工作，必须解决好行政责任与民事责任、行政责任与刑事责任的衔接，这里的衔接既包括行政立法内部的衔接，也包括行政立法与非行政立法的衔接。

行政责任与民事、刑事责任良好衔接的前提是彼此分工明确、各司其职，为此需要确定它们各自的适用范围。(1) 行政法律责任与民事法律责任：行政法律责任由发生于非处同一地位的行政主体与相对人之间的行政违法行为引起，侧重保护公共利益；民事法律责任由发生于平等的私法主体之间的民事违法行为引起，侧重保护私人利益。(2) 行政法律责任与刑事法律责任：二者都是具有明显制裁性的公法责任，它们的区分主要有两个标准：一是违法行为的类型，即某些违法行为本身社会危害性大，只能设定刑事责任而不能设定行政责任；二是社会危害程度，即某些违法行为既可以设定行政责任，也可以设定刑事责任，只有在情节严重、社会危害性大的时候才设定刑事责任。综上，只能对侵犯社会管理秩序、社会危害性大，且在刑法中有明确刑罚设定的违法行为才能设定刑事责任，除此以外一般只能设定行政责任。在行政立法中坚持以上标准，三类法律责任就能各有分工、紧密配合，形成既区分层次又统一协作的责任体系。

行政立法中三大责任的良好衔接，必须解决责任形式之间的交叉问题，为此需要确立责任竞合规则，以指导行政立法在同时设定不同责任形式时的内部逻辑关系。(1) 当同一违法行为既引起行政责任，又引起民事责任时，由于二者责任性质完全不同，因而可以并存，单独适用，即行政主体追究行政责任的同时，不妨碍有关当事人追究其民事责任。我国许多法律对此都有明确规定。[①]这里的难点是，在特殊情况下两种责任难以同时实现，此时何种责任应当优先适用？我们认为，应当是民事责任优先。主要理由是：追究行政责任归根结底还是为了保护受侵害个体的利益，不能为了所谓抽象的公共利益而使具体、现实的个体利益得不到救济；追究行政责任可以有多种选择，不适用财产责任还可以适用人身罚、资格罚等，而民事责任的主要表现形式就是经济赔偿。我国部分法律已经贯彻了这一立法理念。[②]（2）当同一违法行为既违反行政法规范，又因情节严重而触犯刑律时，由于二者均属于公法责任，性质相同，其适用主要取决于违法行为的社会危害程度，因此它们在适用上应当是选择性、排他性适用，不能够同时适用，对于这种责任竞合应采取“重责吸收轻责”的处理规则，即违法行为一旦构成犯罪，则应单独适用刑事责任，而不能同时适用行政责任。我国法律在设定法律责任时，一般都对此予以明确。[③]

做好行政立法中的责任衔接，还必须正确处理衔接形式问题，即在行政立法中，如何设定民事责任和刑事责任的问题。（1）关于刑事

---

① 例如，民法通则第一百一十条有明确规定，“对承担民事责任的公民、法人需要追究行政责任的，应当追究行政责任”；行政处罚法第七条规定，“公民、法人或者其他组织因违法受到行政处罚，其违法行为对他人造成损害的，应当依法承担民事责任”。

② 例如，证券法第二百三十二条规定，“违反本法规定，应当承担民事赔偿责任和缴纳罚款、罚金，其财产不足以同时支付时，先承担民事赔偿责任”；企业破产法第一百一十三条规定，破产财产在清偿破产人所欠税款之前，应当优先清偿“破产人所欠职工的工资和医疗、伤残补助、抚恤费用，所欠的应当划入职工个人账户的基本养老保险、基本医疗保险费用，以及法律、行政法规规定应当支付给职工的补偿金”。

③ 例如，行政许可法第七十三条规定，“行政机关工作人员办理行政许可、实施监督检查，索取或者收受他人财物或者谋取其他利益，构成犯罪的，依法追究刑事责任；尚不构成犯罪的，依法给予行政处分”；消防法在用第四十条至第五十二条对行政责任作出规定以后，在第五十三条中规定“有违反本法行为，构成犯罪的，依法追究刑事责任”。

责任的设定。基于罪刑法定的考虑，尽管有学者建议在单行法中尝试设定罪名和法定刑，但目前我国所有刑事责任还是集中规定在刑法当中，行政立法在设定刑事责任时主要采取的形式有三种，一是笼统规定“(情节严重）构成犯罪的，依法追究刑事责任”，这种情况属于绝大多数；二是明确规定“依照刑法第××条的规定追究刑事责任”，如铁路法、枪支管理法、民用航空法等立法采用这种“援引性规范”；三是明确规定“依照刑法关于××罪的规定依法追究刑事责任”，如《危险化学品安全管理条例》(2013 年修订）等少量立法采取这种衔接方式。我们认为，第三种设定类型直接指明了应当适用的刑法罪名，从而使刑事责任具体化、明确化，简单明晰、便于操作，能够有效避免滥用刑责或者没有刑责对应的情形出现，同时又可以克服第二种模式因刑法修改、条文顺序变动而可能产生的混乱，应当广泛采用。(2）关于民事责任的设定。实践中，行政立法设定民事责任也主要有两种情形：一是笼统规定“应当依法承担民事责任”，这是一种原则性的援引条款，即具体的民事责任由其他单行的民事立法来规定；二是明确规定违法情形和民事责任形式，即行政立法本身就明确了违法者应当承担的民事责任，例如环境保护法第四十一条规定，“造成环境污染危害的，有责任排除危害，并对直接受到损害的单位或者个人赔偿损失”。我们认为，第二种设定情形更为可取，其效果较刑事责任设定中的“援引性规范”更优。由于行政机关负有法定的行政管理职责，因而其在立法过程中对职权范围内有关私法性质的法律关系直接作出调整，是恰当的，这一点与刑事责任设定受“罪刑法定”原则制约有明显不同。

立法者在设定法律责任时，有一点必须始终牢记，即法律责任并非解决违法问题的唯一途径，而且经常也并非是最佳途径。因此，有必要创制行政管理方式，寻求合法、恰当、有效的法律责任替代方式，在某些情况下它们可能会达到比罚款等法律责任形式更好的效果。例如对交通违法行为的处理，以往不是记分就是罚款，而上海市黄浦区则探索建立了轻微违章义务教育制，即如果驾驶员初次违反规定范围内的10条交通规则，只需自愿参加一次45分钟的交通法规免费辅导学习，做十道试题和一道简述题共获80分就可免予处罚。许多参加了交通学习班的司机都用“双赢”来评价其效果。同时，应当充分利用法律之外的其他治理手段，完善相关制度，使这些手段能够与法律结合起来共同发挥预防和惩治违法的作用，例如加强社会征信体系建设、建立信息披露制度等。

（二）行政立法中法律责任设定的原则

根据宪法精神和上述理念的要求，行政立法在设定法律责任时应当遵循以下原则：

1. 节制性原则（必要性原则）。法律责任往往表现为对相对人的人身或者财产施加不利影响，因而应当谨慎设定，即在设定法律责任时，要在可能和允许的范围内贯彻最节约、最克制的原则。其基本含义是：（1）凡是通过其他法定途径可以达到立法目的的，就可以不设法律责任，即设立法律责任对于实现立法目的而言应当是必要和必须的；（2）凡是通过较轻的责任形式、较小的责任强度能够达到立法目的的，就不应当设定较重的责任形式或者较大的责任强度，即要在同样可达立法目的的法律责任中选取对相对人损害最小的进行设定。节制性原则适应了以人为本的立法精神，体现了对相对人权益的尊重，并对建立健全多种形式的法律实施保障机制，最大限度提高立法效益提出了较高的要求。

2. 人格尊严原则。宪法第三十八条规定："中华人民共和国公民的人格尊严不受侵犯。禁止用任何方法对公民进行侮辱、诽谤和诬告陷害。"这表明人格尊严权是宪法赋予公民的一项基本权利，而且鉴于其在公民基本权利体系中的基础性和极端重要性的地位，这项权利被定位为国家法律须"绝对保护之基本人权"，在任何情况下均不得克减，行政立法的裁量权在此受到绝对限制。根据该原则的要求，行政立法中设定的法律责任形式受到严格限定，不能设立任何可能侵犯或者损害人格尊严的性质的法律责任，例如非人道的、残忍的责任形式；同时，在设定法律责任时，必须尊重个人道德上的自主决定、个人资料的自主处分，尊重相对人的私人生活领域和隐私权，保障其合法权益。

3. 平等原则（禁止差别待遇原则）。该原则源于英美法系的自然公正原则，是行政立法中一项具有根本性的重要原则。立法本身应当是公正的，在设定法律责任方面同样应当如此。公正原则的基本要求是：不能因主体身份地位的不同而在设定法律责任时给予差别待遇，不得对同类主体或者同类行为设定不同的责任形式或者责任幅度。据此，行政立法在设定法律责任时，相同事件应作相同设定，相似事件应作相似设定，非有合理的正当理由，不得为差别待遇。

4. 明确性原则。这是对行政立法设定法律责任时条文表述和内在逻辑关系的要求。在一个法治国家，行政行为应当具有明确性、可预见性、可测量性，以维持法律秩序的安定性。就行政立法而言，必须做到立法含义尽可能具体和明确，以便人民可以毫无疑问地理解：什么是被允许的，什么是被禁止的，行政机关可以对人民采取什么措施。在法律责任设定方面，尤其如此。丧失了法律责任设定的明确性，立法就无法对人民有效发挥指引和警示作用，执法也容易陷入混乱。

5. 责任相称原则。这一原则源于“比例原则”，是科学设定理念在责任设定上的具体体现，其基本含义是行政立法在设定法律责任时，应当公平合理，兼顾社会公益和相对人利益的维护，不得逾越达成立法目的的必要限度，也即法律责任的形式和大小应与违法行为的轻重相适应，做到“过责相当”。责任相称，有助于提高相对人对法律的认同度，避免给执法造成不必要的障碍。其具体含义是指：（1）法律责任的性质、形式和强度应当与违法行为的性质、类型和情节、社会危害程度等因素相适应；（2）行政立法设定法律责任欲保护的利益，应当与法律责任给违法者造成的损害相称，不能显失均衡。如果责任负担过大，超过法律欲保护的利益，则这种法律责任设定就不恰当。

6. 协调性原则。这是依法设定理念对设定法律责任的行政立法相互之间关系提出的要求。行政立法设定法律责任并非一个孤立的行为，而是整个立法体系中的一个组成部分，因而必须尊重立法体系内在的效力位阶关系，维护立法体系整体的协调性和统一性。其具体要求是：（1）行政立法设定法律责任时，必须遵守有关法律所确立的设定权限，以与这些法律相协调；（2）行政立法设定法律责任时，应当与相关民事、刑事方面的立法保持协调，使民事、刑事责任的设定能够落到实处；（3）行政立法设定的法律责任条款，应当与上位法设定的法律责任条款保持统一，不能突破上位法框定的责任范围随意设定。

7. 效能原则。在合法的前提下，一切国家行为还应当遵循效能的原则，以体现节约和经济的宪法精神。行政立法在设定法律责任时也是如此。其具体要求是：凡上位法已经就法律责任作出明确设定的，下位法可作细化、量化，但不能盲目照抄照搬，要注意节省立法资源，充分考量法律责任设定的必要性和合目的性，力求将有限的立法资源集中运用于最需要立法调整的领域、事项和环节，[①] 同时，要通过科学的成本效益分析，精确考量立法投入、违法成本和立法效果之间的关系，切实提高法律责任设定的有效性，力求将有限立法资源的效用发挥到最大，使法律责任设定能够真正起到预防和惩戒违法的作用。

（三）财产罚的设定规则

财产罚，是指使当事人的财产权益受到损害的行政处罚，主要是对当事人的财产权予以剥夺，并不影响其人身自由和进行其他活动的权利。财产罚的主要表现形式是没收非法占有的财物和金钱，或者让违法者缴纳一定数额的金钱，即没收违法所得、没收非法财物和罚款。财产罚主要适用于三种情形：一是有经济收入的公民或者有固定资产的法人或者组织实施的违法行为；二是在以营利为目的的经营活动中实施的违法行为；三是行为人实施违法行为造成的危害后果，可借剥夺其财产予以补偿。

① 这是我国当前低层次立法机关在通过立法贯彻落实上位法时应当格外注意的一个问题。要克服长期以来形成的以文件落实文件、照搬照抄上位法、求全求大的立法模式，切实尊重并发挥上位法的作用，真正从确保法律有效实施的立场出发设计下位法的条文，明确法律实施的具体任务和目标，节省并珍惜立法资源。

1. 行政没收

行政没收是指行政主体将违反行政法律规范的行政相对人所有或者占有的财物无偿收缴，归国家所有的行政行为。其特征包括：第一，强制性和无偿性。即由行政执法主体依法无偿收缴违法者所有或者占有的财物，违法者不得拒绝或隐匿，否则要承担相应法律责任。第二，没收的财物一律上缴国库，归国家所有，任何单位和个人不得私分挪用。如果没收的是违禁品，除有必要作为证据的外，要依法及时销毁。我国行政处罚法第八条规定了两种形式的行政没收，即“没收违法所得”“没收非法财物”，并将之确立为法定的行政处罚种类。①

（1）没收违法所得②

目前我国行政立法在设定“没收违法所得”过程中，主要存在的问题是，违法所得的内涵、外延不确定。行政处罚法和设定违法所得的其他法律法规均未对“违法所得”作出直接而明确的界定，实务部门给出的解释也各不相同，其意见可大致分为三类：其一，违法所得包括实施违法行为的成本和利润，以国务院法制办和卫生部的意见为代表。③其二，违法所得仅指实施违法行为的获利数额，以最高人民

① 有学者认为，行政处罚法不应把没收违法所得界定为行政处罚，因为根据法理，任何人不能从违法行为中获益，而且违法所得往往以受害人的损失为对价，有必要返还受害人。治安管理处罚法第十一条规定“违反治安管理所得财物，追缴退还被侵害人”，实际是以追缴替代没收。

② 行政立法中还存在其他与违法所得含义相同的概念，如非法所得、非法收入。例如农业法规定，截留、挪用粮食收购资金的，由上级主管机关责令限期归还被截留、挪用的资金，没收非法所得。

③ 国务院法制办于2003年10月16日曾答复商务部：《中华人民共和国导弹及相关物项和技术出口管制条例》中的“违法所得”是指从事违法行为的全部实际收入，包括违法成本和违法行为所获利润。1996年7月8日卫生部曾答复山东省卫生厅：《中华人民共和国食品卫生法》所称“违法所得”系指食品生产经营者在其违法活动中获取的包括成本和利润在内的全部营业收入。

法院的意见为代表。[①] 其三，根据当事人实施违法行为的情形有区别地界定违法所得，以工商总局的意见为代表，即当事人行为一开始就违法的，违法所得是指实施违法行为的成本和利润；当事人在实施合法行为过程中违法的，违法所得是指实施违法行为的获利数额。[②] 由于违法所得界定标准不明确、不统一，给执法造成了一定的困难。

我们认为，有必要统一违法所得的涵义，将其明确界定为违法者因违法行为获得的，不存在相应权利请求人的利益，即不包括由违法者占有但须返还受害人的那部分收益或者需要依法缴纳的税款。同时，计算违法所得时也不应包括成本，主要理由：一是违法所"得"中的"得"应当是一种产出，不应包括投入；二是"得"违法不意味着其"投入"也违法，相反，"投入"很可能是违法者的合法财产，如果投入本身违法，可以用"没收非法财物"来剥夺其财产权；三是违法者的"得"可能包含无过错第三人的合法收益或者尚未缴纳的税款，如果一概没收，会侵犯无过错第三人的合法权益，违背税款优先缴纳的原则。

(2) 没收非法财物

与违法所得一样，行政处罚法和有关法律法规对于何为非法财物

① 1995年1月16日《最高人民法院关于适用〈全国人民代表大会常务委员会关于惩治侵犯著作权的犯罪的决定〉若干问题的解释》规定，个人违法所得数额即获利数额。1995年7月5日《最高人民法院关于审理生产、销售伪劣产品刑事案件如何认定"违法所得数额"的批复》规定：全国人民代表大会常务委员会《关于惩治生产、销售伪劣产品犯罪的决定》中的"违法所得"是指生产、销售伪劣产品获利的数额。

② 1999年12月1日，工商总局答复湖北省工商局：反不正当竞争法规定的"违法所得"是指被指定的经营者通过销售质次价高商品或者滥收费用所获取的非法收益，主要包括下列情况：(1) 销售不合格商品的销售收入；(2) 超出同类商品的通常市场价格销售商品而多获取的销售收入；(3) 应当收费而超过标准收费所多收取的费用；(4) 不应当收费而收取的费用。

也未作出直接界定，多数只是概括性地表述为“有非法财物的，予以没收”。

我们认为，没收非法财物是依法将非法财物予以收缴的行政处罚。关于非法财物的界定，应当主要把握两项原则：一是标的物会危及大众；二是标的物有被利用从事犯罪或违反秩序行为的危险。实践中，非法财物主要包括两类：其一，当事人合法拥有但用于非法活动的财物，例如用作赌资的钱物、用以实施违法活动的工具；其二，违禁品，即国家法律、法规明文禁止生产、加工、保管、运输、销售的物品以及在某些场所禁止携带的物品，如淫秽物品、毒品、反动宣传物或者在车、船、飞机上查出的易燃易爆物品等。①

2. 罚款

罚款是行政机关依法责令违法行为人承担一定的金钱给付义务，使其遭受一定的物质利益损失的行政处罚种类。我国行政立法在设定罚款数额时主要采取四种方式：一是概括式，即仅规定处以罚款，不规定具体标准；二是绝对数式，即设定某一具体的固定数值的罚款；三是倍数式，即以某一可度量的数值为基准，处以该数值一定倍数金额的罚款；四是百分比式，即以一个基准数额的百分比数为罚款额。

从实践情况看，我国行政立法在设定罚款时主要存在以下问题：一是罚款设定呈现出普遍化甚至泛化的趋势。罚款已经成为执法机关运用得最广泛、最频繁的一种处罚形式。据统计，截至 2006 年 11 月

① 治安管理处罚法第十一条规定，办理治安案件所查获的毒品、淫秽物品等违禁品，赌具、赌字，吸食、注射毒品的用具以及直接用于实施违反治安管理行为的本人所有的工具，应当收缴，按照规定处理。

底，有382部法律和行政法规设定了罚款，占法律、行政法规总数的40.6%，占规定了法律责任的法律、行政法规总数的57.2%，占规定了行政法律责任的法律、行政法规总数的59.3%。而且，近年来行政立法对罚款的重视程度日益提高。据统计，自1979年至1985年，平均每部法律、行政法规设定罚款的次数仅为2.2和2.35，但从1996年开始，单部法律、行政法规设定罚款次数大幅攀升，2001年至2006年单部法律、行政法规设定罚款的平均次数已经增加到10.55和5.57。二是设定罚款以及罚款数额的随意性较大，不够科学严谨。据统计，1979年至2006年颁布且现行有效的法律、行政法规在设定罚款时共有252处采用概括式，其中法律142处，占法律设定罚款总次数的20.3%；行政法规110处，占行政法规设定罚款总次数的9.6%。同时，对于什么情况下适宜设定罚款缺乏深入研究，对于罚款数额的确定通常都是基于经验式的定性判断，很少通过定量方法进行科学推算。三是许多罚款数额跨度大，内部缺乏必要层次。导致行政机关执法裁量权过大，个别行政执法人员借此滥用职权、以权谋私。

解决上述问题，需要我们做到以下几点：

一是要坚持正确的立法取向。要保障立法取向正当化，即设定罚款必须服务于公共目的，不能为特定集团的利益服务。为此应当积极推进民主立法，发挥群众监督的作用；严格执行“收支两条线”的规定，完善审计措施、加大对罚没收入的监管力度；在设定罚款同时，设定前置纠错程序，督促违法者纠正违法行为，杜绝“以罚代管”等背离立法目的的现象。

二是要科学协调配置法律责任。罚款的功能是有限的，因此在设定法律责任时，要综合考虑各种法律责任方式。首先，要协调配置各种行政处罚种类。根据违法行为的性质和情节，对于不需要罚款或者罚款无法发挥作用的，要充分发挥精神罚、资格罚的功能。其次，要合理配置行政、刑事及民事责任，防止“以罚代刑”或者“以罚代民”。

三是要构建科学的罚款数额确定机制。该机制的建立可以遵循以下步骤：第一，将各种违法行为按照一定标准进行分类并区分情节梯度。我国刑法对犯罪行为作了统一分类并对各类行为划分了情节梯度，在定罪量刑方面发挥了显著作用，在设定罚款的过程中可以参考借鉴这一做法，综合考虑违法行为的性质、领域、社会危害性等因素，科学划分违法行为的类型和情节梯度，作为构建罚款数额确定机制的基础。第二，针对不同的行为类型确定基数或者制定计算公式。倍数式和百分比式的罚款设定，应当根据不同的违法行为确定统一、易于把握的基数，例如对于经营性违法行为，可以涉案金额、合同价款、招投标价、工程造价等作为基数。基数确定后，再根据违法行为的轻重程度确定不同的罚款倍数或比例。对于数额式的罚款设定而言，由于违法行为构成要件各不相同，因此难以确立一个统一的模型或者计算公式来涵盖各个领域，应当根据违法行为的不同类型相应确定不同的计算公式。总的一个原则是，必须使违法成本大于违法者从违法行为中获得的收益，只有这样才能实现预防和惩戒违法的目标。为此，在设定罚款数额时应当进行科学的成本效益分析，综合考虑执法成本、守法成本、违法行为发生的概率和可能取得的经济社会效益等多种因素，合理确定违法成本。这无疑是一项严谨而艰巨的任务，但应当成为下一步研究的重点。第三，根据各地区国民生产总值、人均收入水平、消费及生产指数等指标以及各部门的实际情况对公式进行必要的修正和调整，以确定最终的罚款数额。

四是要探索建立罚款数额的调整机制。受经济社会发展水平变动的影响，相同数额的罚款在不同时期对违法者的压力和惩戒效果也并不同，为此有必要在罚款设定机制的基础上探索建立罚款数额的调整机制。建立这一机制需要注意以下问题：第一，并非每种计算方式和模型都要引入调整指标，因为有的公式本身就有修正指数或者在确定公式中选项时已经预先考虑了经济社会发展变动的影响。第二，应当慎重选择调整指标，这是调整模型成功与否的关键。根据统计学的基本原理，虽然各种调整指标都必须与罚款数额有较强的关联性，但指标相互间的关联性却不能太强，否则将会产生较大的误差。我们认为，国民生产总值、居民消费价格指数、生产者物价指数、通货膨胀率、人均收入水平、人均可支配收入等经济指标都可作为备选。第三，应当科学确定调整的周期和频率，因为立法虽然强调要与时俱进，但同样强调必要的稳定性。这也是罚款调整机制在实践中能否得到认可和推广的一个重要因素。

（四）申诫罚的设定规则

申诫罚是指使违法者精神或者名誉受到损害的一种法律责任，通常包括警告、训诫、责令具结悔过、通报批评等形式。[①] 申诫罚主要针对轻微程度的违法行为，具有处理程序简单、时间短、对违法

① 例如国家安全法实施细则（2017 年 11 月废止）第二十二条规定，“不构成犯罪的，由其所在单位或者上级主管部门予以行政处分，国家安全机关也可以予以警告、训诫或者责令具结悔过”。

者影响小等特点，其表现形式是督促违法者认识到其违法行为的社会危害性并自觉放弃或者停止违法。从实践情况看，行政立法在设定申诫罚时存在的主要问题包括适用范围和条件不明确、程序不健全等。

我们认为，解决上述问题，需要做到以下几点：

一是要明确申诫罚的适用范围。申诫罚只能适用于情节显著轻微、社会危害性较小、行政管理相对人可以自行纠正的违法行为。

二是要根据违法事实情况的不同，区别适用各种申诫罚形式，逐步完善各种申诫罚的适用范围。例如，警告只针对违法者自身，一般不会对违法者的公众形象产生影响，警告完毕后该责任形式即可实现，在针对自然人作出时一般采取口头警告，针对法人和其他组织作出时则采取书面形式；通报批评则是指将违法者的违法行为及其承担法律责任的事实在一定范围内进行宣布，使社会公众知晓，通常会对违法者的公众形象产生较大不利影响；训诫相对警告而言较为正式，一般以书面方式作出；责令具结悔过最为正式，需要违法者深刻反省自身违法行为，一般要以书面形式对行政机关作出回应。

三是完善申诫罚的实施程序。例如，警告可以针对已经发生或者正在发生的违法行为作出，可以采取口头教育或者书面形式，但必须记载在档，为行政机关将来定责提供参考。再如，对于通报批评，应当明确向公众告知的内容和范围等。

四是充分认识申诫罚的独立价值，明确单独适用申诫罚的必要性。从目前行政立法设定申诫罚的情况看，申诫罚与其他处罚种类之间存在交叉。以警告为例，行政立法在设定警告时，除单独设定、与其他较重处罚形式并列以供行政机关选择其一适用[①]这两种情形外，有时还规定警告可与其他处罚形式并处。[②]从性质和作用上讲，警告与罚款、拘留等责任形式具有不同的适用对象和作用机理，例如警告以教育功能为主，而罚款和拘留则属于较重的责任形式，其通过对违法者财产和人身进行剥夺和限制，本身就包含了申诫罚的教育功能，因此申诫罚应当单独适用，不宜与财产罚、人身罚并用，行政立法在设定法律责任时应当格外注意这一点。

（五）资格罚的设定规则

资格罚是指限制或者剥夺被处罚人从事特定活动的资格或者能力的处罚，具体包括暂扣许可证或执照、吊销许可证或执照、责令停产停业、停业整顿、从业禁止等形式。它与财产罚的不同之处在于，并非直接剥夺违法者的经济利益，而是基于违法者实施了较严重违法行为的事实，剥夺或者限制违法者的特定资格，以制裁违法者，影响其可以预期的经济利益，有效防范违法行为继续危害社会。实践中，资格罚的设定具有以下特点：一是针对需要获得许可才能从事的行业或者行为设定，即从事特定活动的资格限制是设定资格罚的必备前提。二是从适用对象看，资格罚主要针对申诫罚、财产罚无法达到惩戒目的的较为严重的违法行为设定。资格罚是对违法者的行为能力进行限

① 如治安管理处罚法第四十一条第二款规定，反复纠缠、强行讨要或者以其他滋扰他人的方式乞讨的，处五日以下拘留或者警告。

② 如《中国公民往来台湾地区管理办法》第三十五条规定，违反本办法第十八条的规定，逾期非法居留的，处以警告，可以单处或者并处每逾期1日100元的罚款。

制，使之不能从事特定活动，较申诫罚或者财产罚对行为人的精神和财产影响更大，因此通常设定在警告、罚款之后。

目前资格罚规定主要存在以下问题：一是适用范围较窄，没有充分发挥作用。实践证明，资格罚是一种有效制裁违法者、制止违法行为的处罚手段，而我国目前在对许多特殊行业的从业人员设定法律责任时，缺乏这方面的规定，例如从事教学科研工作、部分特殊商品的生产、特定类型的服务等行业的从业人员，如果实施了违法行为并且证明不适宜从事该项工作时，应当通过吊销资格或者从业禁止等方式将其从特定领域排除，以防止其继续危害社会。二是暂扣证照缺乏时间和程序限制。暂扣证照是指针对危害性较大但尚可改正的违法行为，暂时限制其行为资格，待其改正错误、纠正违法、消除不利影响后再归还其证照，但是现行立法在设定暂扣证照时，往往缺乏时间期限、返还条件和程序的规定，容易导致暂扣无期限的现象发生。三是设定从业禁止较少。对某些违法行为只规定吊销证照而未规定从业禁止，导致许多严重危害特定行业正常经营秩序、损害人民群众合法权益的违法者再次申领从业资格，继续实施违法行为。①

我们认为，行政立法在设定资格罚时应当遵循以下规则：一是应将资格罚的适用范围扩展至所有设定从业许可的行为。二是暂扣证照、停产停业、停业整顿等责任形式较财产罚而言对违法者利益影响更大，必须附带时间限制。三是资格罚的各种责任形式应当按照严厉程度分级设定。由轻到重依次为停产停业、暂扣证照、吊销证照、从业禁止。

① 例如保险法第一百四十条规定，保险代理人或者保险经纪人在其业务中欺骗保险人、投保人、被保险人或者收益人，情节严重的，吊销经营保险代理业务许可证或者经纪业务许可证。

四是在适用对象上区分法人和自然人。对法人可以适用责令停产停业、暂扣或者吊销法人证照，对自然人可以适用暂扣或者吊销证照、从业禁止。五是明确从业禁止的适用条件，适当扩大其适用范围。

行政法规援引上位法法律责任问题研究

马志毅　倪　娜　谭庆勇

行政法规设定法律责任时，援引上位法法律责任条款的情况比较普遍，我们以北大法宝为基础数据库，对十八大以来新制定或者修改的 161 部行政法规[①]的法律责任设定情况进行了梳理，经初步统计，共有 57 部对上位法的法律责任条款进行了援引，占到 35.4%。行政法规援引上位法法律责任条款设定法律责任涉及行政法规在什么情形下可以援引上位法法律责任条款，什么情形下不宜援引，可以援引的情况下何种表述最为合理等问题。为此，我们围绕这些问题作了重点研究。

一、行政法规援引上位法法律责任条款的主要情形

法律责任条款一般包括违法情形、处罚种类、处罚幅度等要素。以这些要素为参照标准，经梳理后发现，行政法规通过援引上位法法律责任条款设定法律责任的情形主要有：

一是上位法法律责任条款的违法情形、处罚种类和处罚幅度都

① 统计截止时间为 2017 年 7 月。

明确，行政法规通过直接援引，设定法律责任。如审计法实施条例第四十八条规定，对本级各部门（含直属单位）和下级人民政府违反预算的行为或者其他违反国家规定的财政收支行为，审计机关在法定职权范围内，依照法律、行政法规的规定，区别情况采取审计法第四十五条规定的处理措施。审计法第四十五条规定，对本级各部门（含直属单位）和下级政府违反预算的行为或者其他违反国家规定的财政收支行为，审计机关、人民政府或者有关主管部门在法定职权范围内，依照法律、行政法规的规定，区别情况采取下列处理措施：(1) 责令限期缴纳应当上缴的款项；(2) 责令限期退还被侵占的国有资产；(3) 责令限期退还违法所得；(4) 责令按照国家统一的会计制度的有关规定进行处理；(5) 其他处理措施。由此可见，审计法实施条例不论是违法情形，还是违法责任都是对审计法原封不动的照搬，故采用直接援引方式设定法律责任。

二是上位法法律责任条款的处罚种类和处罚幅度明确，行政法规仅对上位法的违法情形作进一步明确和细化。如税收征管法第七十条规定，纳税人、扣缴义务人逃避、拒绝或者以其他方式阻挠税务机关检查的，由税务机关责令改正，可以处1万元以下的罚款；情节严重的，处1万元以上5万元以下的罚款。税收征管法实施细则第九十六条规定，纳税人、扣缴义务人提供虚假资料，不如实反映情况，或者拒绝提供有关资料的；拒绝或者阻止税务机关记录、录音、录像、照相和复制与案件有关的情况和资料的；在检查期间，纳税人、扣缴义务人转移、隐匿、销毁有关资料的；有不依法接受税务检查的其他情形的，依照税收征管法第七十条的规定处罚。此处，税收征管法实施细则就是对税收征管法第七十条中的“纳税人、扣缴义务人逃避、拒绝或者以其他方式阻挠税务机关检查的”违法情形作出了进一步的细化。

另外，还存在一种情形，下位法的违法情形与上位法的违法情形虽然不相同，但具有较强的关联性，实际上也属于对上位法违法情形的延伸或进一步细化，下位法也会通过援引上位法有关法律责任条款的方式设定法律责任。如税收征管法实施细则第九十四条规定，纳税人拒绝代扣、代收税款的行为，依照税收征收管理法第六十八条规定纳税人在规定期限内不缴或者少缴税款的行为处罚。此处税收征管法实施细则中的代扣、代收违法行为和税收征管法中的不缴、少缴违法行为承担相同的法律责任。

三是上位法违法情形和处罚种类明确，行政法规仅对上位法违法情形的处罚幅度作进一步明确和细化。如野生动物保护法第三十七条规定，伪造、倒卖、转让特许猎捕证、狩猎证、驯养繁殖许可证或者允许进出口证明书的，由野生动物行政主管部门或者工商行政管理部门吊销证件，没收违法所得，可以并处罚款。水生野生动物保护实施条例对此条规定罚款责任的幅度作了进一步明确和细化，其中第二十九条规定，伪造、倒卖、转让驯养繁殖许可证，依照野生动物保护法第三十七条的规定处以罚款的，罚款幅度为 5000 元以下。伪造、倒卖、转让特许捕捉证或者允许进出口证明书，依照野生动物保护法第三十七条的规定处以罚款的，罚款幅度为 5 万元以下。

二、行政法规援引上位法法律责任条款存在的问题

行政法规通过援引上位法法律责任条款设定法律责任的方式，一

方面可以避免对同类行为的法律责任设定畸轻畸重，有利于法律之间实现较好的衔接和统一，另一方面也可以减少上位法和下位法不必要的内容重复，有助于法律规范保持简洁。但从当前立法实践来看，也存在以下主要问题：

一是行政法规援引上位法法律责任条款的标准不明确。以上位法违法情形和处罚种类明确、处罚幅度不明确的情形为例，行政法规在援引上位法的同时一般会对处罚幅度作进一步细化。但是，也有行政法规在相同情形下不作进一步细化情况。如环境保护法（2014 年修订）第六十一条规定，建设单位未依法提交建设项目环境影响评价文件或者环境影响评价文件未经批准，擅自开工建设的，由负有环境保护监督管理职责的部门责令停止建设，处以罚款，并可以责令恢复原状。《防止拆船污染环境管理条例》（2016 年修订）第十七条第三款规定，拆船厂未依法进行环境影响评价擅自开工建设的，依照《中华人民共和国环境保护法》的规定处罚。环境保护法仅规定了对擅自开工建设行为可以处以罚款，但未明确具体罚款幅度，《防止拆船污染环境条例》在援引上位法时并未对罚款责任的幅度作进一步细化，这样会造成责任不明、难以执行的后果。

二是行政法规援引上位法法律责任条款的表述不一，缺乏统一的标准。通过对 161 部中存在援引上位法法律责任条款设定法律责任的 57 部行政法规分析发现，不论具体援引情形是否相同，行政法规援引上位法法律责任条款的表述都涉及两个问题，即是否有“违反本条例规定”的表述和所援引上位法明确到何种程度。对于“违反本条例规定”的表述，有的采用该表述，有的未采用该表述。对于所援引上位法明确的程度，有的未明确所援引法律的名称，仅笼统表述为“依法处理”；有的则明确所援引法律的名称，表述为依照××法规定处理；有的不仅明确所援引法律的名称，还进一步明确具体条款，表述为依照××法××条的规定处理。当涉及多部上位法时，有的行政法规对涉及的上位法进行了一一列举，表述为依照××法××法规定处理，有的则笼统表述为依照有关××的法律进行处罚。

表格 1　57 部行政法规中援引责任条款的表述方式

表述方式		示例条款
违反本条例规定 + 违法情形	依法处理 / 处罚	《农业保险条例》(2016 年修订）第三十条第二款规定：“违反本条例第二十四条规定，挪用、截留、侵占保险金的，由有关部门依法处理”。
	依照××法的规定处理 / 予以处罚	《南水北调工程供用水管理条例》第五十条规定：“违反本条例规定，实施排放水污染物等危害南水北调工程水质安全行为的，依照《中华人民共和国水污染防治法》的规定处理……”
	依照××法××条的规定给予处罚	《土地管理法实施条例》(2014 年修订）第三十四条规定：“违反本条例第十七条的规定，在土地利用总体规划确定的禁止开垦区内进行开垦的，……依照《土地管理法》第七十六条的规定处罚”。
	依照××法、××法的规定处罚	《畜禽规模养殖污染防治条例》第四十条规定：“违反本条例规定，有下列行为之一的，……依照《中华人民共和国水污染防治法》、《中华人民共和国固体废物污染环境防治法》的有关规定予以处罚……”。
	依照有关 ×× 的法律进行处罚	《博物馆条例》第四十条规定：“博物馆从事文物藏品的商业经营活动的，由工商行政管理部门依照文物保护法律、行政法规的规定处罚”。

续表

表述方式		示例条款
违法情形	依法处理	《中华人民共和国城镇集体所有制企业条例》第五十六条规定："集体企业有下列行为之一的，由工商行政管理机关依照国家有关法律、法规的规定给予行政处罚：（一）登记时弄虚作假或者不按规定申请变更登记的；……"。
	依照××法的规定处罚	《危险化学品安全管理条例》第八十七条第三款规定："邮政企业、快递企业收寄危险化学品的，依照《中华人民共和国邮政法》的规定处罚"。
	依照××法××条的规定处罚	《证券公司监督管理条例》第八十条规定："证券公司诱使客户进行不必要的证券交易，或者从事证券资产管理业务时，使用客户资产进行不必要的证券交易的，依照《证券法》第二百一十条的规定处罚"。
	依照××法第××条、××条的规定追究法律责任	《中华人民共和国政府采购法实施条例》第六十八条规定："采购人、采购代理机构有下列情形之一的，依照政府采购法第七十一条、第七十八条的规定追究法律责任：（一）未依照政府采购法和本条例规定的方式实施采购；（二）未依法在指定的媒体上发布政府采购项目信息；……"。

三、行政法规援引上位法法律责任条款相关问题的建议

通过对当前立法实践的分析，结合办内各单位的意见，针对上述问题，提出如下建议：

一是当上位法对某类违法情形或行为没有进行明确的法律责任设定，只是概括性地规定"依法追究责任"，行政法规不得援引上位法，应对此类违法情形或行为的法律责任作出明确规定。

二是当上位法仅对违法行为（情形）或者相应的处罚种类和幅度作出部分规定时，下位法在进行援引时，必须对上位法未明确规定的内容进行细化。

三是当上位法已对有关违法行为或情形以及相应的处罚种类和幅度作出明确规定时，为了实现法律规范之间的有效衔接，同时避免内容重复，行政法规可以采取直接援引的方式设定法律责任，具体表述方式建议用“依照××法第××条的规定追究法律责任”的方式，如涉及多个具体条款时，建议一一列举。

四是当涉及多部上位法或者有的上位法不明确时，表述方式建议采用“依照有关××（如文物保护、水资源管理、矿产资源管理等方面）的法律追究法律责任”，尽量给所援引的上位法律提供一个明确的指引。

五是当行政法规援引上位法法律责任条款设定法律责任时，明确列举了违法情形，建议不再采用“违反本条例规定”的表述。

行政法规援引治安管理处罚责任问题研究

马志毅　倪　娜　谭庆勇

行政法规援引治安管理处罚责任是指行政法规在法律责任设定部分，通过援引性的规定，提示行政法规中的违法行为有违反治安管理处罚规定并承担治安管理处罚责任的可能性。

一、设置治安管理处罚援引性条款的原因

治安管理处罚是指对扰乱公共秩序，妨害公共安全，侵犯人身权利、财产权利，妨害社会管理，具有社会危害性，尚不构成刑事处罚的，由公安机关给予的处罚。处罚种类有：警告、罚款、行政拘留、吊销公安机关发放的许可证，对违反治安管理的外国人，可以附加适用限期出境或者驱逐出境。治安管理处罚是行政处罚的一种，实质是公安机关实施的有关治安管理的行政处罚，也应当符合行政处罚法的规定。但治安管理处罚责任和行政处罚法规定的处罚责任还是有很大的区别：一是治安管理处罚涉及面较其他行政处罚广。治安管理处罚适用的对象是全方位的，涉及公共政策、公共安全、公民的人身权利、公私财产等各个方面。而其他行政机关在各自的职责范围内实施行政

管理，并对违法行为实施行政处罚，行使的是某一方面的专项权力，如卫生、税收、工商、环保等。二是治安管理处罚的主体较其他行政处罚单一。治安管理处罚只能由公安机关实施，而其他行政处罚，可以由几个机关共同行使。三是治安管理处罚在处罚程度上较其他行政处罚严厉，大部分违反治安管理行为可以适用限制人身自由的行政处罚，在处罚程度上仅次于刑罚。四是治安管理处罚的时效较其他行政处罚短，治安管理处罚的追诉时效只有 6 个月，其他行政处罚的追诉时效为 2 年。

当违反行政法规的违法行为涉及治安管理处罚法规定的扰乱公共秩序、妨害公共安全、侵犯人身权利、财产权利、妨害社会管理等领域需要适用的治安管理处罚种类时，就涉及了一般的行政处罚和治安管理处罚的衔接问题，比如，行政法规中都是不能设定限制人身自由的规定的，但执法过程中如果出现了抗法行为或恶意设置执法障碍的，就会出现法律效力的转移，由公安机关根据治安处罚法来实现限制人身自由的处罚。

设置这一援引性条款，一方面是基于立法习惯或者立法传统，为了保持整个法律责任形式的完整性和体系性，另一方面更是为行政处罚和治安管理处罚法律效力的有效转移以及处罚种类的有效衔接提供依据。

二、行政法规中设定治安管理处罚责任援引性条款的表述方式

1. 从正面直接规定违反治安管理行为的，需要承担法律责任。具

体有两种表述方式：一是概括表述“构成违反治安管理行为的，（由公安机关）依法给予（治安管理）处罚”。比如《农田水利条例》第四十三条规定，违反本条例规定，有下列行为之一的，由县级以上地方人民政府水行政主管部门责令停止违法行为，限期恢复原状或者采取补救措施；逾期不恢复原状或者采取补救措施的，依法强制执行；造成损失的，依法承担民事责任；构成违反治安管理行为的，依法给予治安管理处罚。二是直接规定对某些违法行为，按照治安管理处罚法的有关规定予以处罚。比如保险法第一百七十六条规定，拒绝、阻碍保险监督管理机构及其工作人员依法行使监督检查、调查职权，未使用暴力、威胁方法的，依法给予治安管理处罚。

2. 通过反向排除，若该行为不构成犯罪只构成违法时，要承担治安管理处罚责任。通常表述为“尚不构成犯罪的，依法给予治安管理处罚”。比如《物业管理条例》（2007 年修订）第六十八条规定，业主以业主大会或者业主委员会的名义，从事违反法律、法规的活动，构成犯罪的，依法追究刑事责任；尚不构成犯罪的，依法给予治安管理处罚。

三、有关建议

一是当行政法规中涉及的违法行为有违反治安管理处罚责任的可能性时，需要在行政法规中规定治安管理处罚责任的援引性条款。对于涉及的违法行为较少，或者违法行为的处罚方式由行政处罚法设定的方式足以调整的行政法规，比如以授权性、倡导性条款为主的行政法规，可以不设定。

二是在行政法规中更适宜采用从正面直接规定违反治安管理行为的，需要承担法律责任的表述方式。主要理由："尚不构成犯罪的，依法给予治安管理处罚"容易给人以行政法规可以判定某种行为是否构成犯罪的误导。

说说“责令”

潘　波

一、责令的词义

在古代汉语里，“责”主要有以下几个意思：一是要求、督促，如《荀子·宥坐》：“不教而责成功，虐也。”二是谴责、诘问，如《管子·大匡》：“文姜通于齐侯，桓公闻，责文姜。”三是处罚、责罚，如《新五代史·梁家人传·文惠皇后王氏》：“（刘）崇患太祖慵堕不作业，数加笞责。”此外，还有求、索取、责任等意思。“令”则有命令、法令等意思。《现代汉语词典》对“责令”的解释是：“责成（某人或某机构）做成某事。”

责令辞职、责令改正、责令停产停业等“责令+”行为，是党政机关依法依规履职尽责的具体措施。在行政执法工作中，“责令+”可以说是最为常见的行为。但由于种种原因，理论界和实务界对“责令+”行为法律属性的理解大相径庭，在适用中遇到不少难题。实际上，“责令+”行为的性质大致可以分处罚性和命令性两大类。

二、处罚性“责令+”行为

在法律上，处罚是对当事人违法行为的谴责和制裁，带有惩罚性质，其认定标准和实施程序较为严格。认定“责令+”行为具有处罚性的依据，是法律制度的明确规定。在司法领域，刑法、民法通则、行政诉讼法等都将“责令具结悔过”作为人民法院在诉讼活动中实施的处罚类型之一。在行政执法领域，行政处罚法将“责令停产停业”确定为行政处罚的一种类型。根据土地管理法，县级以上政府土地行政主管部门有权责令限期拆除在非法占用的土地上新建的房屋，同时明确规定“建设单位或者个人对责令限期拆除的行政处罚决定不服的，可以在接到责令限期拆除决定之日起十五日内，向人民法院起诉”。因此，“责令限期拆除”在土地管理法里是行政处罚性质的行为。对于此类法律制度中明确规定为处罚性质的“责令+”行为，在其设定、实施、救济、监督等方面都应按照处罚的有关规定执行。

三、命令性“责令+”行为

命令性“责令+”行为不具有处罚的法律属性和功能，根据行为所依据的法律关系、实施主体和对象等情形的不同，命令性“责令+”行为可以分为内部和外部两个类型。

（一）内部命令性“责令+”行为

党政机关基于领导、人事、监督等方面的管理关系而对有关单位和个人作出的“责令+”行为，在性质上属于命令。基于领导关系的，如城乡规划法第五十六条：“依照本法规定应当给予行政处罚，而有关城乡规划主管部门不给予行政处罚的，上级人民政府城乡规划主管部门有权责令其作出行政处罚决定或者建议有关人民政府责令其给予行政处罚。”再如，根据突发事件应对法第四十四条，在一定情况下，县级以上地方各级政府“应当责令有关部门、专业机构、监测网点和负有特定职责的人员及时收集、报告有关信息”。基于党政机关人事、监督管理关系的，如《党政领导干部选拔任用工作条例》《中国共产党地方委员会工作条例》等党内法规关于“责令辞职”的规定，公务员法第八十二条也明确要求：“领导成员应当引咎辞职或者因其他原因不再适合担任现任领导职务，本人不提出辞职的，应当责令其辞去领导职务。”

（二）外部命令性“责令+”行为

这里的“外部”是相对于党政机关内部管理关系而言的，主要是基于行政机关对公民、法人和其他组织的管理关系而作出的“责令+”行为。除法律明确规定为处罚性质外，一般的“责令+”行为都属于命令的性质。对于此类行为，行政机关可以单独作出，也可以与处罚、强制措施等一并作出，如行政处罚法第二十三条规定：“行政机关实施行政处罚时，应当责令改正或者限期改正违法行为。”外部命令性“责令+”行为是行政机关要求涉嫌违法的当事人通过自我纠正、自我约束的方式，停止违法行为，恢复合法秩序的一种措施。比如，劳动法第九十一条规定，用人单位侵害劳动者合法权益的，由劳动行政部门责令用人单位支付劳动者工资报酬、经济补偿，并可以责令支付赔偿金。

值得注意的是，多部法律都规定了“责令限期拆除”，但该行为的性质在不同法律中是有区别的。比如，根据城乡规划法第六十六条，对于未经批准进行临时建设等情形，城乡规划主管部门有权“责令限期拆除，可以并处临时建设工程造价一倍以下的罚款”。由于该法没有明确这里的“责令限期拆除”是行政处罚行为，并结合该条文中可以并处罚款的规定，此行为应理解为命令性质的行为。也就是说，对于“责令限期拆除”，土地行政主管部门依据土地管理法执法的时候是处罚，而城乡规划主管部门依据城乡规划法执法的时候则是命令。

四、命令性“责令 +”行为与行政强制措施的区别

一些学者和制度规定将责令限期拆除、责令改正等部分“责令 +”行为界定为行政强制措施，这是值得商榷的。根据行政强制法，行政强制措施是指行政机关在行政管理过程中，为制止违法行为、防止证据损毁、避免危害发生、控制危险扩大等情形，依法对公民的人身自由实施暂时性限制，或者对公民、法人或者其他组织的财物实施暂时性控制的行为。命令性“责令 +”行为与行政强制措施有较大区别。

一是内容不同。行政强制措施是行政机关采取强制性手段维护合法秩序，是实施了具体行动；而命令性的“责令 +”行为是行政机关命令当事人自己纠正或停止违法行为，行政机关尚未“出手”。一些法律还明确规定，如果当事人在接到行政机关作出“责令 +”决定后不采取任何自我纠正的行动，行政机关才可以依法实施行政处罚或行

政强制措施。如城乡规划法第六十八条："城乡规划主管部门作出责令停止建设或者限期拆除的决定后，当事人不停止建设或者逾期不拆除的，建设工程所在地县级以上地方人民政府可以责成有关部门采取查封施工现场、强制拆除等措施。"

二是设定依据不同。由于行政强制措施是限制当事人权利的一种强制手段，所以行政强制法对其设定、实施等都规定得很严格，明确要求法律、法规以外的其他规范性文件不得设定行政强制措施。而命令性"责令+"行为一般只要求当事人对涉嫌违法的行为进行自我纠正和补救，对当事人权利限制的力度明显不如行政强制措施。这种行为在行政执法实践中极其常见，对于基层单位来说几乎每天都会发生，如对于"情节轻微"的摊点占道经营现象，执法人员往往都是口头责令摊主搬离。法律并没有明确限制此类行为的设定依据，一些规章、规范性文件都设定了"责令+"行为。比如，2017年某市政府办公厅印发的《关于加强农村留守儿童关爱保护工作实施方案》规定："发现无人监护、父母一方外出另一方无监护能力或受委托监护人不履行监护责任的，公安机关应及时会同村（居）民委员会联系外出务工的留守儿童父母，责令其立即返回或重新确定受委托监护人，并对其进行教育、训诫，要求其依法履行监护职责。"这里的"责令立即返回"就是一种命令性行为而非行政强制措施。

关于规范罚款设定幅度问题的研究报告

倪 娜 范文嘉

一、行政法规中罚款设定的基本情况

我们对截至 2011 年 12 月 31 日有效的 714 部行政法规设定的罚款（含依据法律作出规定情形）作了统计分析，大致情况如下：

（一）罚款设定的比重和次数

在 714 部行政法规中，设定罚款的有 340 部，占 47.62%；在设定罚款的 340 部行政法规中，共设定罚款 1739 处，平均每部行政法规设定罚款 5.11 处。

（二）罚款设定的变化趋势

我们将现行行政法规的颁布时间划分为六个时间段，以每个时间段单部行政法规中平均设定罚款的次数为节点，形成了以下趋势图(图一)。

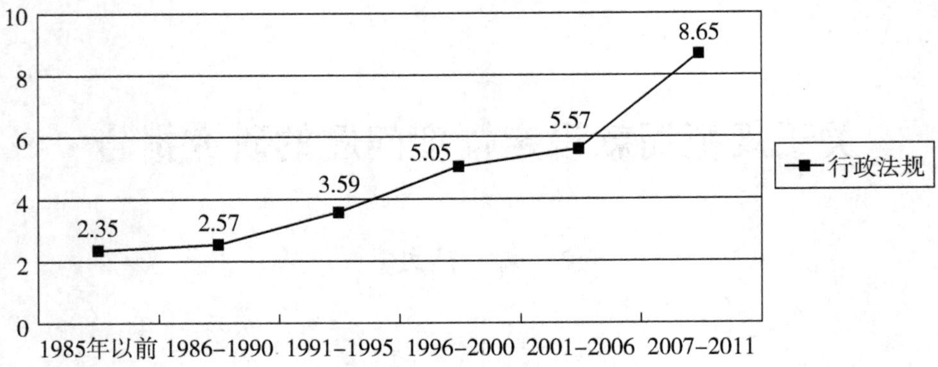

图一　罚款次数平均值变化趋势图（处 / 部）

可以看出，罚款设定次数呈现出明显上升趋势。1985 年以前，行政法规设定罚款的平均次数仅为 2.35 处 / 部，从 1996 年开始，单部行政法规设定罚款的平均值大幅攀升，2007 年至 2011 年间行政法规设定罚款的平均次数增加到 8.65 处 / 部。

（三）罚款数额的设定方式

设定方式大体可分为概括式、数额式、倍数式和百分比式四大类。

1. 概括式。概括式是指仅规定处以罚款，但没有规定具体标准的方式。比如，航道管理条例第二十八条规定，对违反本条例规定的单位和个人，县以上交通主管部门可以视情节轻重给予警告、罚款的处罚。在行政法规有关罚款的 1739 处规定中，110 处采用了概括式，占 6.33%。

2. 数额式。数额式是指将罚款设定为某一数额的方式。包括三种情形：一是罚款金额固定，如“处 1 万元罚款”；二是以固定金额作为罚款的上限，如“处5万元以下罚款”；三是以固定金额作为罚款的上下限，如“处以5万元以上、10万元以下的罚款”。在行政法规有关罚款的1739处规定中，1269处采用了数额式，占72.97%。

3. 倍数式。倍数式是指以某一可计算的数值为基准，处以该数值一定倍数罚款的方式。在行政法规有关罚款的1739处规定中，191处采用了倍数式，占10.98%。

4. 百分比式。百分比式与倍数式方法相似，一般是规定以一个参照数的百分数为罚款额。在行政法规有关罚款的1739处规定中，109处采用了百分比式，占6.27%。

在以倍数式或者百分比式设定的罚款中，“违法所得”作为基数的情形最多，占到25.33%，其次是“货物所值”“非法财物”“营业额”“销售收入”等（见表一）。

表一

	行政法规	
	次数	百分比
违法所得	76	25.33%
非法财物	15	5.0%
货物所值	50	16.67%
销售收入	5	1.67%
营业额	13	4.33%
其他情形	141	47.0%
总计	300	100%

二、行政法规罚款设定幅度分析

在行政法规有关罚款的1739处规定中，概括式有110处，以固定数额作为罚款金额的情形有20处，其余1609处均有幅度，占总数的92.52%。

1. 数额式罚款的幅度。921处有关罚款的规定以数额的方式作为上下限，上下限比值最小的一组是1.67，最大的一组是100，921处规定的加权平均值是7.07。也就是说，在行政法规中采用数额式设定的罚款的幅度，上限平均是下限的7倍。进一步分析，近年来以数额方式设定的罚款的幅度在逐渐缩小（见图二）。

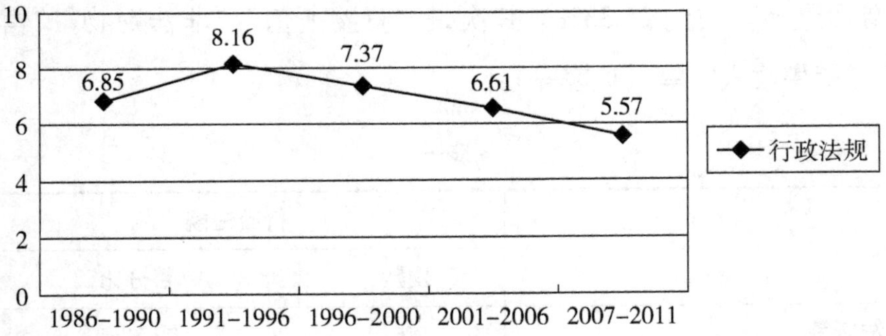

图二

2. 倍数式罚款的幅度。126处有关罚款的规定以倍数式作为上下限，上下限比值最小的一组是1.25，最大的一组是100，126处规定的加权平均值是3.26。也就是说，在行政法规中采用倍数式设定的罚款的幅度，上限平均是下限的3倍。进一步分析，近年来以倍数式设定的罚款幅度总体变化不大，略微呈现缩小趋势（见图三）。

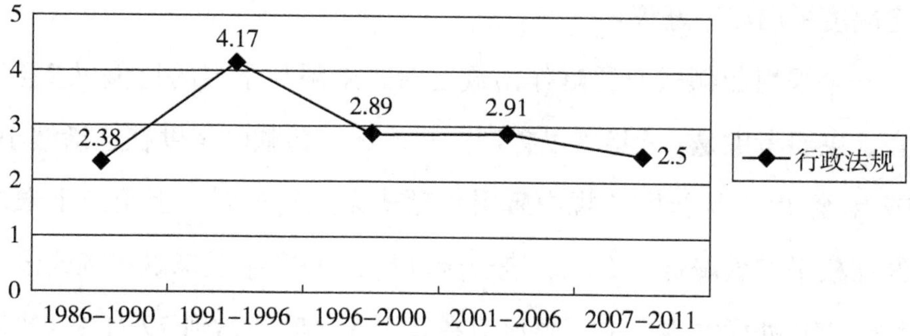

图三

3. 百分比式罚款的幅度。54 处有关罚款的规定以百分比式作为上下限，上下限比值最小的一组是 1.67，最大的一组是 16.67，54 处规定的加权平均值是 3.67。也就是说，在行政法规中用百分比方式设定的罚款的幅度，上限平均是下限的 3 倍。进一步分析，近年来以百分比式设定的罚款的幅度也在缩小（见图四）。

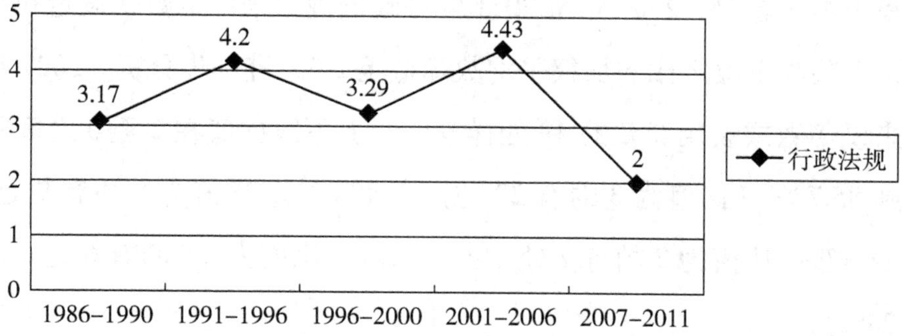

图四

三、初步建议

通过对现行行政法规有关罚款规定的文本分析，我们对规范罚款设定幅度提出以下建议：

一是采用数额式对罚款作出规定时，上限与下限的比值以 2 至 5 为宜。主要考虑是：近年来以数额方式设定的罚款的幅度在逐渐缩小，2007 年至 2011 年行政法规中采用数额式设定罚款时，上限与下限之比的加权平均数降低至 5.57。进一步分析，2007 年以来以数额式设定罚款的 360 处样本中，上下限比值在 2 至 5 之间的达到 79.71%（比值为 5 的有 151 处，占 41.94%；比值为 2 的有 71 处，占 19.72%；比值为 4 的有 25 处，占 6.94%；比值为 2.5 的有 19 处，占 5.28%；比值为 3 的有 13 处，占 3.61%；比值为 3.3 的有 8 处，占 2.22%）。

二是采用倍数式对罚款作出规定时，上下限比值以 2 至 5 为宜。主要考虑是：1986 年以来行政法规中采用倍数式设定的罚款的幅度，上限平均是下限的 3 倍，且近年来以倍数式设定的罚款幅度略微呈现缩小趋势。2007 年至 2011 年行政法规中采用倍数式设定罚款时，上限与下限之比的加权平均数降低至 2.5。进一步分析，2007 年以来以倍数式设定罚款的 49 处样本中，上下限比值在 2 至 5 之间的达到 85.72%（比值为 3 的有 20 处，占 40.82%；比值为 5 的有 9 处，占 18.37%；比值为 2 的有 7 处，占 14.29%；比值为 2.5 的有 6 处，占 12.24%）。

三是采用百分比式对罚款作出规定时，上下限比值以 2 至 3 为宜。主要考虑是：1986 年以来行政法规中用百分比方式设定的罚款的幅度，上限平均是下限的 3 倍，近年来以百分比式设定的罚款的幅度也在缩小。2006 年以来行政法规中以百分比式设定罚款的有 4 处，幅度全部为 2 倍。

关于因单位违法违纪需要追究个人违纪责任的责任人员范围的研究报告

李富成　吴春平

因单位违法违纪需要追究个人违纪责任的，现行法律、行政法规对责任人员范围有多种表述方式。对这些表述是一律统一，还是分类规范？我们经全面梳理现行规定，辨析概念用语及分析相关因素，提出对现有表述分类逐步规范的若干建议。

一、现行规定梳理

因单位违法违纪，需要对作出及执行相关决策负有责任的个人追究违纪责任的，现行法律、行政法规对责任人员范围的表述并不一致。现有表述主要涉及“主要负责人”“负有责任的领导人员”“直接负责的主管人员”和“直接责任人员”等四种人员，其中“直接责任人员”是各种表述基本都包含的同类项。这四种人员基本涵盖了违法违纪行为从决策作出到付诸实施各环节的参与人员。

经梳理，共有286[①]件法律、行政法规，采取22种以上方式来表

① 统计截止时间为2015年11月。

述责任人员范围，大致可归为四类（参见表一）。按涉及的法律、行政法规数量，从多到少依次为：

除“直接责任人员”外，第一类还规定了“直接负责的主管人员”，强调主管人员对违法违纪行为“直接负责”，通常的表述方式是“直接负责的主管人员和其他直接责任人员”。有的则进一步点明主管人员的具体职位，例如商业银行等金融机构的“直接负责的董事、高级管理人员”（商业银行法、反洗钱法、银行业监督管理法）。这种表述涵盖的单位性质最广，包括国家机关、企业事业单位、社会团体和部队等。自1988年全国人大常委会《关于惩治走私罪的补充规定》（1997年10月废止）首次使用该表述以来，此类涵盖各时期制定的法律、行政法规，共计91件法律、136件行政法规，数量最多。

第二类还规定了“负有责任的主管人员”，强调主管人员对违法违纪行为“负有责任”，表述上并不限于“直接负责”。较多的表述方式是“负有责任的主管人员和其他直接责任人员”。还有少数省略“负有责任”，表述为“主管人员和直接责任人员”，更不规范，只涉及1995年之前制定的少数老旧法律行政法规；个别近年虽经修改但未涉及此类条款。这种表述同样涵盖各种性质的单位。此类共计10件法律、29件行政法规。

第三类还规定了“主要负责人”，在强调追究“一把手”违纪责任的同时，多数还规定“主管人员”这个中间层次。通常的表述方式是“主要负责人、直接负责（或为负有责任）的主管人员和其他责任人员”，或者分别规定主要负责人与其他责任人员的责任。这种表述主要涵盖行政机关，少数涉及事业单位及企业等。例如，2001年《计划生育技术服务管理条例》（2004 年修订）规定的“从事计划生育技术服务的机构”，2007 年《生产安全事故报告和调查处理条例》规定的“事故发生单位”,2011 年《电力安全事故应急处置和调查处理条例》规定的“发生事故的电力企业”。此类共计 6 件法律、29 件行政法规，均制定于 2001 年之后，近些年有增多趋势。

第四类还规定了“负有责任的领导人员”，通常的表述方式是“负有责任的领导人员和直接责任人员”。这种表述主要涵盖适用公务员法的行政机关和其他党政机关，个别涉及其他单位，如保守国家秘密法规定的发生重大泄密案件的“机关、单位”。此类数量最少，共计 2 件法律、3 件行政法规。最早可溯及的是 1983 年统计法中的“有关领导人员或者直接责任人员”。现行有效的则包括公务员法、保守国家秘密法、《校车安全管理条例》、《行政机关公务员处分条例》、《铁路安全管理条例》。

表一　现行法律行政法规有关责任人员范围表述情况统计表

类别	有关责任人员范围的表述	法律	行政法规	总数
第一类：强调主管人员的“直接责任”	负有直接责任的主管人员和其他直接责任人员	9	16	25
	有关人民政府负责人和其他直接责任人员	1	0	1
	直接负责的董事、高级管理人员和其他直接责任人员	3	0	3
	直接负责的主管人员和其他直接责任人员	78	120	198
第二类：不强调主管人员的“直接责任”	负有责任的主管人员和直接责任人员	1	0	1
	有关主管人员和直接责任人员	1	0	1
	主管人员和直接责任人员	1	5	6
	负有责任的主管人员和其他直接责任人员	7	24	31

续表

类别	有关责任人员范围的表述	法律	行政法规	总数
第三类：强调“主要负责人”	主要负责人	4	4	8
	单位负责人	0	1	1
	政府或其所属部门的主要负责人和签署该规定的负责人	0	1	1
	政府的主要负责人和直接负责的主管人员	0	1	1
	政府主要领导人和政府部门主要负责人（政府主要领导人及其卫生行政主管部门主要负责人、政府主要领导人和政府有关部门正职负责人）	0	2	2
	（机构、部门的）正职负责人、直接负责的主管人员和其他直接责任人员	0	2	2
	主要负责人、直接负责的主管人员和其他直接责任人员	0	7	7
	主要负责人和直接责任人员（主要负责人和其他直接责任人员、主要负责人和直接责任者、直接责任人和主要负责人）	0	4	4
	单位负责人、直接负责的主管人员和其他直接责任人员	1	0	1
	单位负责人和直接责任人员（单位的负责人和直接责任者、单位的负责人和直接责任人员）	0	3	3
	主要负责人和负有责任的人员	0	1	1
	主要负责人、负有责任的主管人员和其他直接责任人员	0	2	2
	主要负责人或者直接责任人员	1	1	2
第四类：规定了“负有责任的领导人员”	负有责任的领导人员和直接责任人员	2	3	5

经梳理可见：一是各类表述涵盖的单位性质都是多元的，包括机关、事业单位和国有企业等，但均以行政机关为主。二是作为公务员纪律处分的“一般法”，以公务员法为代表的表述类别占比反而最小。

二、概念用语辨析

各种纷繁表述能否统一、如何规范，对有关概念用语含义进行辨析是前提和基础。我们首先分别辨析四种责任人员概念，再辨析以之建立的三种常见组合用语。

（一）四种责任人员概念辨析

1. 关于“主要负责人”。主要负责人等同于“正职负责人”，即一个单位的“一把手”，在行政机关就是行政首长。这个概念指向明确，确定性最大。

2. 关于“直接负责的主管人员”。其中的“直接负责”，表明其属于直接责任人员，对单位违法违纪行为起决定性作用，也就是说非由其拍板或者参与，该行为不会作出。“主管人员”，表明其居于一定领导岗位，并非具体执行该行为。两相结合，意味着“直接负责的主管人员”所指向的责任人员最高层级可达直接作出或者参与作出该决策的单位分管领导。从实践来看，单位“一把手”一般不属于“直接负责的主管人员”，除非其直接抓该项工作或者主动插手干预。因此，“直接负责的主管人员”一般指向政府或其部门以及其他单位的副职领导。

3. 关于“负有责任的领导人员”。其中，“负有责任”表明不限于直接责任，既包括直接作出或者参与作出违法违纪行为决策的人员，这种情况与“直接负责的主管人员”及《党政主要领导干部和国有企业领导人员经济责任审计规定》中被审计领导干部的“直接责任”表述基本一致；也包括因疏于管理而对造成的损失损害负有责任的人员，这种情况与《党政主要领导干部和国有企业领导人员经济责任审计规定》中被审计领导干部的“主管责任”表述基本一致。“领导人员”是指担任一定领导职务的行政机关各级领导人员，不限于违法违纪单位的领导成员，但应限于对该事项具有管理职责的领导干部。

4. 关于“直接责任人员”。既包括对违法违纪行为决策的作出承担直接责任的人员，也包括对其实施承担直接责任的人员。换言之，既包括领导干部，也包括一般工作人员。

对四种责任人员之间的关系，可参照以下图示理解：

四种责任人员关系图

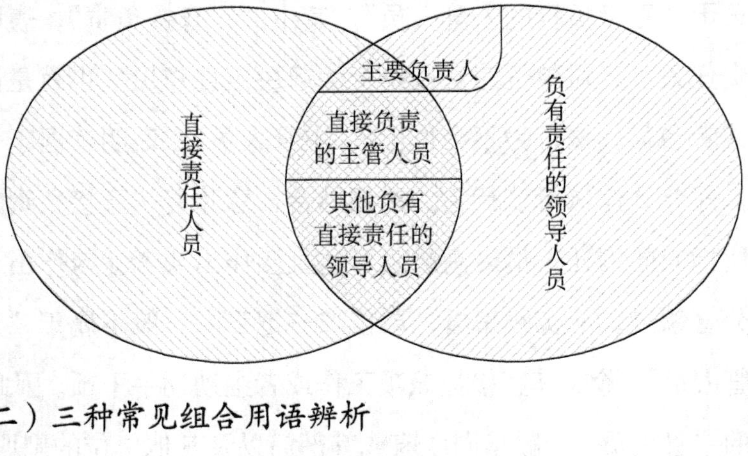

（二）三种常见组合用语辨析

上述四个概念，除“正职负责人”外，都是弹性概念，各有较为确定的内涵和外延，相互之间也有交叉重叠。以下对几例常见组合用语加以辨析。

1. 关于“主要负责人（正职负责人)、直接负责的主管人员和其他直接责任人员”。这一组合主要有两个特点：

一是强调要追究三类人员的责任，其中主要负责人必须承担责任，以此倒逼其加强对特定领域工作的管理。

二是将“主要负责人”或者“正职负责人”列为居首担责的人员，实际上将责任人员的范围严格限定在作出违法违纪行为单位范围内，即自“一把手”以下，包括分管副职领导和承办该事项决策及执行的有关部门工作人员。例如，《计划生育技术服务管理条例》第三十八条规定：“从事计划生育技术服务的机构违反本条例第三条第三款的规定，向农村实行计划生育的育龄夫妻提供避孕、节育技术服务，收取费用的，由县级地方人民政府计划生育行政部门责令退还所收费用，给予警告，并处所收费用2倍以上5倍以下的罚款；情节严重的，并对该机构的正职负责人、直接负责的主管人员和其他直接责任人员给予降级或者撤职的行政处分。”

2. 关于“直接负责的主管人员和其他直接责任人员”。这一组合表明，只对直接负责的两类人员追究责任。突出同属直接责任人员的主管人员，并强调必须由主管人员担责，有助于避免一出问题要么动辄打行政首长的板子，要么动辄拿基层执行人员“应付门市”。因为单列了主管人员，故而使用“其他直接责任人员”指向主管人员以外负责具体实施的人员。

此外，有的法律经修改转而采用“负有责任的主管人员”，比修改前所使用的“负有直接责任的主管人员”能够涵盖更大范围的责任人员。例如，1995年固体废物污染环境防治法第六十九条关于“违反本法规定，造成固体废物污染环境事故的，……对负有直接责任的主管人员和其他直接责任人员，由其所在单位或者政府主管机关给予行政处分”规定中的“负有直接责任的主管人员和其他直接责任人员”，现已修改为“负有责任的主管人员和其他直接责任人员”。再如，1994年广告法第四十五条关于“广告审查机关对违法的广告内容作出审查批准决定的，对直接负责的主管人员和其他直接责任人员，由其所在单位、上级机关、行政监察部门依法给予行政处分”中的“直接负责的主管人员和其他直接责任人员”，现已修改为“负有责任的主管人员和其他直接责任人员”。

3. 关于“负有责任的领导人员和直接责任人员”。这一组合有两个特点：一是明确需要追究两类人员的责任，但是所用概念之间存在交叉。也就是说，“负有责任的领导人员”包括但不限于应负直接责任的领导人员。领导人员如应负直接责任，则同时属于“直接责任人员”的范围内。按照时任监察部副部长屈万祥主编的《行政机关公务员处分条例条文释义》对该条例第十六条的解释，“负有责任的领导人员”是一个大概念，既包括直接作出或参与作出违法违纪行为决策的领导人员，也包括因疏于管理对造成的损失或者危害负有责任的领导人员。相应地，“直接责任人员”是一个小概念，指剔除直接责任人员中的应负直接责任的领导人员后的其他直接责任人员，一般是指违法违纪行为的直接实施者。该解释消除了两个概念之间的交叉重叠部分。二是负有责任的领导人员明确不限于本单位人员，“上不封顶”。

这三个常见组合用语中，第一个指向范围最明确，具体责任人员范围为本单位的“一把手”、分管负责人及其下的直接责任人员。第二个责任构成条件最严，只追究直接责任人员，一般限于本单位的分管负责人及其下的直接责任人员，向上跨层级追责亦限于直接责任人员。第三个指向范围的弹性最大，具体责任人员范围不限于本单位人员，可向上跨层级追责，对领导干部不限于直接责任人员，对一般人员则限于直接责任人员。

三、规范表述需要考虑的情况

因单位违法违纪需要追究个人违纪责任的，在法律制度上主要考虑违法违纪情形和责任人员范围的表述问题，基本不必考虑责任幅度及责任人员内部的责任分担问题。而在法律制度上表述责任人员范围，只要做到既不扩大、也不遗漏即可。在严格依法执纪、保证不枉不纵可期的基础上，制度设计的首要考虑是，不遗漏对违法违纪行为需要承担责任的人员。因此，对责任人员范围采取较为宽泛、灵活的表述方式，既简便省事，也更能适应执纪实践的需要。

法律、行政法规现有表述中最符合此项要求的，就是“负有责任的领导人员和直接责任人员”。该表述首次见于公务员法，但以之作为因单位违法违纪追究个人违纪责任时责任人员范围的具体规定，则首次见于《行政机关公务员处分条例》。这是因为，公务员法第一百零一条只规定了因公务员管理这一特定领域的7类违法行为，而对“负有责任的领导人员和直接责任人员”追究违纪责任。直到《行政机关公务员处分条例》才确立了因单位违法违纪需要追究个人违纪责任的一般规定，使用的责任人员范围表述就是“负有责任的领导人员和直接责任人员”。其第十六条规定：“行政机关经人民法院、监察机关、行政复议机关或者上级行政机关依法认定有行政违法行为或者其他违法违纪行为，需要追究纪律责任的，对负有责任的领导人员和直接责任人员给予处分。”

那么，是否应将这一规定作为标准表述，将其他法律、行政法规的表述一律统一过来呢？我们认为，对此还应考虑以下几方面情况：

一是现行法律、行政法规的主流表述。对“直接负责的主管人员和其他直接责任人员”即直接责任人员追究违纪责任，是绝大多数法律、行政法规采取的主流表述方式，能够满足执纪实践的需要。此外，特殊情况下确需对直接责任人员以外的人员追究责任的，也不必非与直接责任人员“打包”追责，可对其个人行为单独追责。例如，安全生产法第九十四条以下多个条文均规定，在生产经营单位违反安全生产有关规定的情况下只追究“直接负责的主管人员和其他直接责任人员”的责任；涉及需要追究主要负责人责任的，则可以依照第九十一、九十二条有关主要负责人未履行安全生产管理职责的有关规定办理。

二是行政机关公务员处分条例有关规定的规范位阶。《行政机关公务员处分条例》第十六条可以说是晚出的一般规定，位阶上低于法律的规定。该条例第二条第二款同时还规定，“法律、其他行政法规、国务院决定对行政机关公务员处分有规定的，依照该法律、行政法规、国务院决定的规定执行”。据此，应当将该条例第十六条作为具体适用过程中的兜底规定，在别无其他追责依据可循的情况下方才适用。

基于此，该条例的立法原意应为，不改变当时已有的上位法律、同位的行政法规以及国务院决定规定。

三是单行法律、行政法规有关责任追究的特别规定和考虑。基于特定领域违法违纪行为的实际情况及追究责任的特别考虑，单行法律、行政法规已经逐渐分化作出有针对性的规定。例如，在关系重大民生的领域或者针对具有较大社会影响的事件，法律制度上有关责任人员范围过于笼统的话，容易降低纪律责任的威慑力，导致领导干部推脱责任，不利于通过追责倒逼健全日常管理，也难以给群众一个能接受、过得去的交代。为此，一些法律、行政法规明确将“一把手”纳入追究纪律责任的人员范围，如安全生产法、特种设备安全法、政府信息公开条例、《国务院关于特大安全事故行政责任追究的规定》、《重大动物疫情应急条例》等。有的法律明确规定具体职位，使责任人员的指向更加具体，如商业银行法第七十八条、反洗钱法第三十一及三十二条、银行业监督管理法第四十八条均明确规定“直接负责的董事、高级管理人员”。有的法律除规定对直接责任人员追究纪律责任外，对行政机关“一把手”未再明确规定违纪责任，转而以引咎辞职等方式问责，如食品安全法第一百四十二条、环境保护法第六十八条、义务教育法第九条。应该说，这样更符合“一把手”履职特点和对其问责的实际需要。

四是对转型单位“体制内人员”追究责任的实际需要。《行政机关公务员处分条例》适用于行政机关和参公事业单位人员。行政监察法规定的监察对象是行政机关及其公务员和行政机关任命的其他人员。对这两类人员以外的其他转型单位的“体制内人员”，特别是改革中的各类事业单位和国有企业等，继续套用公务员纪律责任是否妥当、有效，也存在疑问。对市场化程度较高行业的机构、企业，已有部分法律除对有关责任人员适用行政处罚外，还适用限制从业资格等责任形式。例如，种子法第七十六条对被吊销种子生产经营许可证的单位"法定代表人及直接负责的主管人员"，反洗钱法第三十二条对有关金融机构"直接负责的董事、高级管理人员和其他直接责任人员"，证券法第一百九十条对有关证券公司"直接负责的主管人员和其他直接责任人员"，都规定了限制任职及从业资格的法律责任。

四、规范表述的若干建议

综上，我们认为，将现行法律、行政法规关于因单位违法违纪追究个人违纪责任的责任人员范围表述，一律统一到《行政机关公务员处分条例》的表述上来，目前尚有困难。但为尽量规范法律、行政法规的有关表述，建议区分以下情况，分类逐步规范：

一是对行政机关及其公务员、参公事业单位及其工作人员和行政机关任命的人员，原则上参照《行政机关公务员处分条例》的规定表述责任人员范围，即"负有责任的领导人员和直接责任人员"。法律、行政法规的现有表述，如无以下第二或者第三项情形的，建议按照本项要求，今后立新法、修旧法时逐步规范。

二是针对特定领域违法违纪行为的实际情况，在追究有关人员纪律责任方面确实存在特别考虑的，可以在法律、行政法规中对责任人员范围等事项作出不同规定，包括明确纳入"一把手"、列举责任人员的具体岗位等。

三是对事业单位、国有企业等转型单位和已高度市场化行业单位的“机关外、体制内人员”，只对其中由行政机关任命的领导人员适用违纪责任，对其他责任人员适用行政处罚、限制从业或者任职资格等责任方式。对此类人员的纪律约束，条件成熟时可以按照治理现代化的要求，通过健全各单位内部治理及行业自律来解决，法律、行政法规不再涉及。

关于规范行政法规设定施行日期、文本公布和标题题注等问题的研究报告*

吴春平　李富成

一、关于严格规范设定行政法规的施行日期

《行政法规制定程序条例》（2017年修订，以下称《条例》）第二十九条规定："行政法规应当自公布之日起30日后施行；但是，涉及国家安全、外汇汇率、货币政策的确定以及公布后不立即施行将有碍行政法规施行的，可以自公布之日起施行。"《条例》实施后，行政法规设定立即施行的做法逐步规范。据初步统计，2002年以来，新制定和全面修改的行政法规共255件，其中以"公布之日"作为施行日期的行政法规仅37件，约占14.5%。近年来更加严格，自2013年以来，仅1件"自公布之日起施行"。（参见附件表1）

虽然《条例》施行后，行政法规如何设定施行日期整体上已逐步规范，但是目前相关行政法规设定施行日期的做法，仍然存在一些有

* 鸣谢曾任上海市政府法制办副主任、上海市人大常委会法工委主任的钱富兴同志！

待完善的问题：一是采用“自公布之日起施行”比较随意。部分行政法规立即施行的紧迫性、必要性不明显，或者未按照《条例》有关规定进行充分论证。二是签署公布日期与施行日期之间的间隔不满30日。有的行政法规关于施行日期的规定既不符合《条例》关于“行政法规应当自公布之日起30日后施行”的一般规定，又不属于可设定“自公布之日起施行”的具体情形，不符合《条例》关于行政法规施行日期的现行规定。三是修改行政法规的决定立即施行的比较普遍。在2002年以来国务院公布的71件修改决定中，有26件规定了“自公布之日起施行”，约占36.6%。

分析这些问题背后的原因，主要有以下方面：第一，《条例》规定的“公布后不立即施行将有碍行政法规施行的”弹性较大，具体认识和实际把握不一致。第二，《条例》有关可立即施行情形的规定不适应立法实践需要。第三，立法进程本身具有不确定性。有的行政法规作为上位法的实施条例，需要与新法律或者法律修改决定同步实施，但由于立法进程本身具有一定的不确定性，不能保证一定符合“自公布之日起30日后施行”。

综上，我们建议：一是严格规范以“自公布之日起施行”设定施行日期，尽可能减少行政法规“自公布之日起施行”；拟规定立即施行的，应当对是否属于《条例》规定的可以设定立即施行的情形进行论证说明。认为属于“公布后不立即施行将有碍施行的”情形的，建议论证说明时充分考虑公布后不立即施行的后果、保证施行需要做好哪些必要的准备工作、因不及准备而立即施行会否影响施行效果、立即施行与不立即施行的利弊分析对比等。同时，还可以根据实际需要，参照《校车安全管理条例》等法规的做法，在规定法规整体上立即施行的同时，对其中确实难以立即施行的部分条文设置适当的过渡期。二是根据立法实践，进一步完善以“自公布之日起施行”设定施行日期的规定；完善“行政法规应当自公布之日起30日后施行”的一般规定，明确在需要与上位法同步施行等情形下，可适当缩短签署公布日期与施行日期之间的间隔。

二、关于批量修改行政法规的新文本公布

《条例》规定，“行政法规修改后，应当及时公布新的行政法规文本”。对于涉及行政法规修改后的新文本何时向社会公布，单独修改某一部行政法规时，及时公布新的行政法规文本方面没有问题。但是对行政法规进行批量修改的，有两种做法：一种是新文本与批量修改决定同步刊载，即在国务院公报上刊载批量修改决定时一并刊载所涉及法规修改后的新文本，这种做法主要见于批量修改涉及的法规数量不大的少数情况，这也符合立法要求。另一种是，实行新文本与修改决定分开公布、分次刊载，即国务院公报上先刊载修改决定，再适时于国务院公报增刊上刊载新文本。而且，由于刊号限制等因素，当批量修改比较频繁时，还需将多次批量修改涉及的法规新文本攒到一期国务院公报增刊上刊载。（参见附件表2）

后一种做法使得批量修改涉及的行政法规在新文本的公布方面存在以下问题：第一，公布不够及时。通过国务院公报增刊来公布新文本周期较长，往往晚于修改决定签署公布日期3个月以上。第二，新文本不齐全。由于批量修改的行政法规新文本公布周期较长，其间同

一件法规经多次修改的，国务院公报增刊集中刊载修改决定和行政法规新文本时，会略去中间版本，直接公布最后文本。例如第638、645、648号国务院令共涉及49件次行政法规，由于有3件同时被638号和645号国务院令修改，所以国务院公报增刊只公布了46件的新文本。第三，法规数据库缺乏权威新文本。在国务院公报增刊未刊载标准文本的情况下，各种法规数据库会根据修改决定自行调整发布非正式文本，但不具有权威性，不能保证准确性。在法学研究、行政执法、司法实践普遍使用法规数据库的情况下，缺乏权威新文本给法规适用带来极大不便。据了解，实践中就曾经发生过数据库自行调整后的法规文本条文序号不一致，给行政执法带来不便的情况。

根据新修改的立法法的规定，中国政府法制信息网是法定的三种行政法规文本刊载载体之一。因此，我们建议：充分发挥中国政府法制信息网作为法定刊载形式的功能，保证修改后的行政法规文本及时、准确地通过中国政府法制信息网向社会公布。

三、关于规范行政法规标题的题注

关于法律标题的题注，立法法规定，“法律标题的题注应当载明制定机关、通过日期。经过修改的法律，应当依次载明修改机关、修改日期。”可见，题注是法律标题不可或缺的一部分，且题注如何标注已有较为清晰的做法。但是，立法法和《条例》均没有关于行政法规标题的规定。

实践中，行政法规标题是否加题注、题注标注哪些信息，做法不一。以国务院公报上的行政法规的标准文本为例，对于新制定的行政法规，会同时刊载签署公布的国务院令和行政法规文本，但法规的标题不添加题注；对于修改后的行政法规标题会加上题注，在标注哪些信息方面有一定的习惯做法，但并没有形成完全统一的规范。例如，同样是经过全面修改的行政法规，如果是由国务院常务会议审议的，题注会载明修改法规的会议通过情况，“×年×月×日中华人民共和国国务院第×次常务会议修订通过”；如果是由国务院审批的，则载明签署公布的国务院令和日期，“×年×月×日中华人民共和国国务院令第×号修订”（参见附件表3和表4）。对此，我们认为，行政法规标题的题注没有必要载明会议通过信息，因为与法律经会议表决通过后无需修改、能当天签署主席令不同，行政法规经会议通过到报请总理签署公布之间还有“根据会议审议意见修改草案”的环节。

行政法规标题的题注，看似微不足道的小问题，但若不进行统一规范，可能带来以下问题：

第一，标题无题注的法规文本可能缺失关键信息。有的社会媒体刊载的行政法规文本标题没有题注，如果又不刊载签署公布的国务院令，公众难以一目了然地知晓法规的制定机关、公布方式、公布日期等关键信息。这可能导致一般公众难以认定其位阶，如果该法规规定“自公布之日起施行”，则连施行日期也无从知晓。

第二，标题题注所标注的事项不一致。社会上出版的法规汇编一般不编入国务院令，而是提取国务院令的有关信息编入题注。而将哪些信息提取出来放入题注，实践中做法不一，甚至同一本法规汇编的做法也不一致。例如，由原卫生部政策法规司汇编、法律出版社出版的《常用卫生法规汇编·2011 年版》中，对新制定的行政法规，标题的题注一般载明签署公布方式、日期和施行日期事项，而有的只载明签署公布方式、日期，未载明施行日期。

为解决上述问题，有必要从立法上对行政法规标题的题注作出规定。为此，建议《条例》增加规定："行政法规标题的题注应当载明签署公布方式、公布日期、施行日期。经过修改的行政法规，还应当依次载明修改时的上述有关信息。"在立法规范之前，国务院公报、中国政府法制信息网等载体上刊载新法规文本以及汇编法规正式文本时，可先行规范。

此外，修改法律、行政法规在修改程度上都可以分为全面修改和部分修改。全面修改的主要特征是，签署主席令或者国务院令公布修改后的整部新文本，修改后的整部法律或法规适用新的施行日期。部分修改的主要特征是，签署主席令或国务院令公布修改决定，除所修改的条文适用修改决定确定的新施行日期外，其他条文仍沿用原施行日期。针对这两种不同的修改方式，法律标题的题注予以明确区分，全面修改表述为“修订”，部分修改表述为“修正”，而在行政法规标题的题注上未作明确区分，统一表述为“修订”。鉴于在题注中标明“修订”或者“修正”，有助于区分不同的修改方式，有助于快速便捷地确定修改后法规的施行日期，为此，建议与法律的做法相一致，即将签署国务院令公布修改决定作出的部分修改，在题注中相应标注为“修正”；将签署国务院令公布整部法规新文本的全面修改，在题注中相应标注为“修订”；一件行政法规经多次修改的，按照修改时间及不同修改方式分别依次排序。

附件

表 1　2002 年以来“自公布之日起施行”的行政法规

序号	法规名称	公布日期
1	使用有毒物品作业场所劳动保护条例	2002.05.12
2	专职守护押运人员枪支管理条例	2002.07.27
3	中华人民共和国导弹及相关物项和技术出口管制条例	2002.08.22
4	突发公共卫生事件应急条例（2011 修订）	2003.05.09
5	企业国有资产监督管理暂行条例（2011 修订）	2003.05.27
6	医疗废物管理条例（2011 修订）	2003.06.16
7	海关关衔标志、式样和佩戴办法	2003.07.15
8	中央储备粮管理条例（2016 修订）	2003.08.15
9	安全生产许可证条例（2014 修订）	2004.01.13
10	粮食流通管理条例（2016 修订）	2004.05.26
11	全国经济普查条例	2004.09.05
12	病原微生物实验室生物安全管理条例（2016 修订）	2004.11.12
13	国务院关于预防煤矿生产安全事故的特别规定（2013 修订）	2005.09.03
14	重大动物疫情应急条例（2017 修订）	2005.11.18
15	烟花爆竹安全管理条例（2016 修订）	2006.01.21
16	烟叶税暂行条例	2006.04.28
17	地方志工作条例	2006.05.18
18	全国农业普查条例	2006.08.23
19	国务院关于加强食品等产品安全监督管理的特别规定	2007.07.26
20	全国污染源普查条例	2007.10.09
21	土地调查条例	2008.02.07
22	证券公司风险处置条例（2016 修订）	2008.04.23
23	汶川地震灾后恢复重建条例	2008.06.08
24	国务院关于经营者集中申报标准的规定	2008.08.03
25	外汇管理条例（2008 修订）	2008.08.05
26	劳动合同法实施条例	2008.09.18

续表

序号	法规名称	公布日期
27	乳品质量安全监督管理条例	2008.10.09
28	外国常驻新闻机构和外国记者采访条例	2008.10.17
29	抗旱条例	2009.02.26
30	食品安全法实施条例（2016 修订）	2009.07.20
31	国家赔偿费用管理条例	2011.01.17
32	国有土地上房屋征收与补偿条例	2011.01.21
33	土地复垦条例	2011.03.05
34	戒毒条例	2011.06.26
35	校车安全管理条例	2012.04.05
36	女职工劳动保护特别规定	2012.04.28
37	南水北调工程供用水管理条例	2014.02.16

表 2　批量修改后行政法规新文本在国务院公报刊载情况

批量修改决定	签署公布情况	刊载时间及刊号
国务院关于修改部分行政法规的决定（2016）	2016 年 2 月 6 日国务院令第 666 号	涉及 66 件，2016 年 11 月印发的公报增刊刊载
国务院关于修改部分行政法规的决定（2014）	2014 年 7 月 29 日国务院令第 653 号	涉及 21 件，2016 年 11 月印发的公报增刊刊载
国务院关于废止和修改部分行政法规的决定（2014）	2014 年 2 月 19 日国务院令第 648 号	涉及 8 件，2014 年 5 月印发的公报增刊刊载
国务院关于修改部分行政法规的决定（2013）	2013 年 12 月 7 日国务院令第 645 号	涉及 16 件，2014 年 5 月印发的公报增刊刊载
国务院关于废止和修改部分行政法规的决定（2013）	2013 年 7 月 18 日国务院令第 638 号	涉及 25 件，2014 年 5 月的印发公报增刊刊载
国务院关于修改和废止部分行政法规的决定（2012）	2012 年 11 月 9 日国务院令第 628 号	涉及 5 件，与修改决定同时刊载
国务院关于修改和废止部分行政法规的决定（2011）	2011 年 1 月 8 日国务院令第 588 号	涉及 107 件，2011 年 4 月印发的公报增刊刊载

表 3　制定后经全面修改的行政法规的标题题注——以医疗器械监督管理条例和商标法实施条例为例

法规名称	国务院公报刊载的标题题注	修改时的决定方式
医疗器械监督管理条例	2000 年 1 月 4 日中华人民共和国国务院令 276 号公布 2014 年 2 月 12 日国务院第 39 次常务会议修订通过	国务院常务会议审议
商标法实施条例	2002 年 8 月 3 日中华人民共和国国务院令第 358 号公布　2014 年 4 月 29 日中华人民共和国国务院令第 651 号修订	国务院审批

表 4　制定后经全面修改、部分修改的行政法规的标题题注

法规名称	国务院公报刊载的标题题注	刊号
生猪屠宰管理条例	1997 年 12 月 19 日中华人民共和国国务院令第 238 号公布　**2007 年 12 月 19 日国务院第 201 次常务会议第一次修订通过**　根据 2011 年 1 月 8 日《国务院关于废止和修改部分行政法规的决定》第二次修订	2011.1 增刊
中华人民共和国外汇管理条例	1996 年 1 月 29 日中华人民共和国国务院令第 193 号发布　根据 1997 年 1 月 14 日《国务院关于修改〈中华人民共和国外汇管理条例〉的决定》修订　**2008 年 8 月 1 日国务院第 20 次常务会议修订通过**	2008.28
饲料和饲料添加剂管理条例	1999 年 5 月 29 日中华人民共和国国务院令第 266 号发布　根据 2001 年 11 月 29 日《国务院关于修改〈饲料和饲料添加剂管理条例〉的决定》第一次修订　**2011 年 10 月 26 日国务院第 177 次常务会议修订通过**　根据 2013 年 12 月 7 日国务院令第 645 号公布《国务院关于修改部分行政法规的决定》第二次修订	2014.1 增刊

（注：题注中黑体字部分是有关全面修改的事项）

关于法律废止行政法规问题研究情况的报告

范文嘉

我们对国务院提出的法律议案能否直接规定废止相关行政法规作了研究。经汇总研究现行法律中废止行政法规的情形（附件 1）以及内容全部被法律代替、2008 年至 2013 年通过法规清理被废止的行政法规（附件 2）[①]，研究形成了初步意见和建议。

一、法律废止行政法规情况梳理

经检索，现行法律中共有 17 部在条文中明确废止了行政法规。其中，除《全国人大常委会关于修改〈中华人民共和国个人所得税法〉的决定》废止了两部行政法规外，其余 16 部法律各废止了一部行政法规。从内容上看，法律废止行政法规的，通常是二者调整范围基本相同且行政法规内容完全被法律代替的情形，如种子法废止《种子管理条例》。但从提请审议主体和公布时间看，这些法律并无明显规律：从提请审议主体看，既有全国人大专门委员会提请审议的，也有国务

① 统计截止时间为 2013 年 10 月底。

院提请审议的。其中，环境噪声污染防治法（废止《环境噪声污染防治条例》）、种子法（废止《种子管理条例》）、民办教育促进法（废止《社会力量办学条例》）分别由全国人大环境与资源保护委员会、农业与农村委员会、教科文卫委员会提请审议，其余14部法律由国务院提请审议。从公布时间看，种子法、民办教育促进法、公务员法、企业所得税法、车船税法等5部法律在立法法实施后公布，其余12部法律在立法法实施前公布。

二、初步研究意见和建议

我们经初步研究认为，不宜在法律中直接废止行政法规，主要考虑：

一是按照立法法规定，法律的制定机关是全国人大及其常委会，行政法规的制定机关是国务院。除根据全国人大及其常委会授权（全国人大常委会1984年授权国务院改革工商税制发布有关税收条例草案试行、全国人大1985年授权国务院在经济体制改革和对外开放方面可以制定暂行的规定或者条例）制定的行政法规外，法律中废止行政法规没有充分理据，行政法规宜由制定机关自行废止。

二是新的法律尤其是综合性法律出台后，不仅会涉及行政法规废止，还可能涉及地方性法规、规章废止以及法规、规章修改，这些事项宜由相应制定机关统筹考虑。如行政处罚法第六十四条对该法公布后的有关清理事宜作了统一要求："本法自1996年10月1日起施行。本法公布前制定的法规和规章关于行政处罚的规定与本法不符合的，应当自本法公布之日起，依照本法规定予以修订，在1997年12月31

日前修订完毕。”

三是从立法实践看，只有在行政法规与新出台的法律调整范围基本相同且行政法规内容完全被法律代替的情况下，才会在法律中直接废止行政法规，而在法律的调整范围大于行政法规且后者被前者完全代替，或旧法实施细则完全被新法所代替的情况下，通常都是国务院通过法规清理废止相关行政法规。如《关于加强空运进口货物管理的暂行办法》（1987 年 8 月 25 日国务院批准公布）的内容被海关法（2000 年 7 月 8 日公布）代替，《禁止证券欺诈行为暂行办法》（1993 年 8 月 15 日国务院批准，1993 年 9 月 2 日国务院证券委员会公布）的内容被证券法（2005 年 10 月 27 日公布）代替，义务教育法实施细则（1992 年 2 月 29 日国务院批准，1992 年 3 月 14 日国家教育委员会公布）的内容被义务教育法（2006 年 6 月 29 日公布）代替，但都是在 2008 年 1 月 15 日发布的《国务院关于废止部分行政法规的决定》中才被废止。

综上，我们建议今后国务院提出的法律议案，可对废止全国人大及其常委会授权国务院制定的行政法规作出规定，其余行政法规宜由国务院自行废止。同时，可参照行政处罚法、行政许可法、行政强制法等法律的规定作出衔接性规定，就修改、废止有关法规规章提出要求，并明确清理工作完成的时限。

此外，现行行政法规中仅有企业所得税法实施条例等 5 部行政法规废止了部门规章（附件 3）。与法律废止行政法规问题同理，规章由国务院部门自行废止似乎更为妥当。

附件 1

现行法律废止行政法规的情形

序号	被废止的行政法规	公布机关及日期	废止方式
1	水土保持工作条例	1982年6月30日国务院发布	被1991年6月29日发布的《中华人民共和国水土保持法》（国务院提请审议）废止
2	烟草专卖条例	1983年9月23日国务院发布	被1991年6月29日发布的《中华人民共和国烟草专卖法》（国务院提请审议）废止
3	中华人民共和国进出口动植物检疫条例	1982年6月4日国务院发布	被1991年10月30日发布的《中华人民共和国进出境动植物检疫法》（国务院提请审议）废止
4	中华人民共和国税收征收管理暂行条例	1986年4月21日国务院发布	被1992年9月4日发布的《中华人民共和国税收征收管理法》（国务院提请审议）废止
5	中华人民共和国城乡个体工商业户所得税暂行条例	1986年1月7日国务院发布	被1993年10月31日发布的《全国人大常委会关于修改〈中华人民共和国个人所得税法〉的决定》（国务院提请审议）废止
6	中华人民共和国个人收入调节税暂行条例	1986年9月25日国务院发布	被1993年10月31日发布的《全国人大常委会关于修改〈中华人民共和国个人所得税法〉的决定》（国务院提请审议）废止
7	中华人民共和国注册会计师条例	1986年7月3日国务院发布	被1993年10月31日发布《中华人民共和国注册会计师法》（国务院提请审议）废止
8	国家预算管理条例	1991年10月21日国务院发布	被1994年3月22日发布的《中华人民共和国预算法》（国务院提请审议）废止
9	中华人民共和国审计条例	1988年11月30日国务院发布	被1994年8月31日发布的《中华人民共和国审计法》（国务院提请审议）废止

续表

序号	被废止的行政法规	公布机关及日期	废止方式
10	中华人民共和国环境噪声污染防治条例	1989年9月26日国务院发布	被1996年10月29日发布的《中华人民共和国环境噪声污染防治法》（全国人大环境与资源保护委员会提请审议）废止
11	中华人民共和国行政监察条例	1990年12月9日国务院发布	被1997年5月9日发布的《中华人民共和国行政监察法》（国务院提请审议）废止
12	行政复议条例	1990年12月24日国务院发布	被1999年4月29日发布的《中华人民共和国行政复议法》（国务院提请审议）废止
13	中华人民共和国气象条例	1994年8月18日国务院发布	被1999年10月31日发布的《中华人民共和国气象法》（国务院提请审议）废止
14	中华人民共和国种子管理条例	1989年3月13日国务院发布	被2000年7月8日发布的《中华人民共和国种子法》（全国人大农业与农村委员会提请审议）废止
15	社会力量办学条例	1997年7月31日国务院颁布	被2002年12月28日发布的《中华人民共和国民办教育促进法》（全国人大教科文卫委员会提请审议）废止
16	国家公务员暂行条例	1993年8月14日国务院公布	被2005年4月27日发布的《中华人民共和国公务员法》（国务院提请审议）废止
17	中华人民共和国企业所得税暂行条例	1993年12月13日国务院发布	被2007年3月16日发布的《中华人民共和国企业所得税法》（国务院提请审议）废止
18	中华人民共和国车船税暂行条例	2006年12月29日国务院公布	被2011年2月25日发布的《中华人民共和国车船税法》（国务院提请审议）废止

附件2

内容全部被法律代替、2008年以来通过法规清理废止行政法规的情形

序号	被废止的行政法规	公布机关及日期	说明	废止方式
1	工厂安全卫生规程	1956年5月25日国务院全体会议第29次会议通过	被2001年10月27日中华人民共和国主席令第60号公布的《中华人民共和国职业病防治法》（国务院提请审议）、2002年6月29日中华人民共和国主席令第70号公布的《中华人民共和国安全生产法》（国务院提请审议）代替	被2008年1月15日发布的《国务院关于废止部分行政法规的决定》废止
2	企业职工奖惩条例	1982年4月10日国务院公布	被1994年7月5日中华人民共和国主席令第28号公布的《中华人民共和国劳动法》（国务院提请审议）、2007年6月29日中华人民共和国主席令第65号公布的《中华人民共和国劳动合同法》（国务院提请审议）代替	被2008年1月15日发布的《国务院关于废止部分行政法规的决定》废止
3	中华人民共和国公证暂行条例	1982年4月13日国务院公布	被2005年8月28日中华人民共和国主席令第39号公布的《中华人民共和国公证法》（国务院提请审议）代替	被2008年1月15日发布的《国务院关于废止部分行政法规的决定》废止

续表

序号	被废止的行政法规	公布机关及日期	说明	废止方式
4	城镇个人建造住宅管理办法	1983年5月25日国务院批准，1983年6月4日城乡建设环境保护部公布	被1997年11月1日中华人民共和国主席令第91号公布的《中华人民共和国建筑法》(国务院提请审议)、2004年8月28日中华人民共和国主席令第28号公布的《中华人民共和国土地管理法》(国务院提请审议)、2007年3月16日中华人民共和国主席令第62号公布的《中华人民共和国物权法》(全国人大常委会提请审议)、2007年8月30日中华人民共和国主席令第72号公布的《中华人民共和国城市房地产管理法》(国务院提请审议)、2007年10月28日中华人民共和国主席令第74号公布的《中华人民共和国城乡规划法》(国务院提请审议)代替	被2008年1月15日发布的《国务院关于废止部分行政法规的决定》废止
5	中华人民共和国国务院关于中外合资建设港口码头优惠待遇的暂行规定	1985年9月30日国务院公布	被2001年3月15日中华人民共和国主席令第48号公布的《中华人民共和国中外合资经营企业法》(国务院提请审议)、2007年3月16日中华人民共和国主席令第63号公布的《中华人民共和国企业所得税法》(国务院提请审议)代替	被2008年1月15日发布的《国务院关于废止部分行政法规的决定》废止

续表

序号	被废止的行政法规	公布机关及日期	说明	废止方式
6	中华人民共和国居民身份证条例实施细则	1986年11月3日国务院批准，1986年11月28日公安部公布，1991年12月3日国务院批准修订，1992年2月27日公安部公布	被2003年6月28日中华人民共和国主席令第4号公布的《中华人民共和国居民身份证法》（国务院提请审议）代替	被2008年1月15日发布的《国务院关于废止部分行政法规的决定》废止
7	石油天然气管道保护条例	2001年8月2日国务院公布	被2010年6月25日中华人民共和国主席令第30号公布的《中华人民共和国石油天然气管道保护法》（国务院提请审议）代替	被2011年1月8日发布的《国务院关于废止和修改部分行政法规的决定》废止
8	关于加强空运进口货物管理的暂行办法	1987年8月25日国务院批准公布	被2000年7月8日中华人民共和国主席令第35号公布的《中华人民共和国海关法》（国务院提请审议）代替	被2008年1月15日发布的《国务院关于废止部分行政法规的决定》废止
9	全民所有制企业招用农民合同制工人的规定	1991年7月25日中华人民共和国国务院令第87号公布	被1994年7月5日中华人民共和国主席令第28号公布的《中华人民共和国劳动法》（国务院提请审议）、2007年6月29日中华人民共和国主席令第65号公布的《中华人民共和国劳动合同法》（国务院提请审议）代替	被2008年1月15日发布的《国务院关于废止部分行政法规的决定》废止

续表

序号	被废止的行政法规	公布机关及日期	说明	废止方式
10	中华人民共和国义务教育法实施细则	1992年2月29日国务院批准，1992年3月14日国家教育委员会令第19号公布	被2006年6月29日中华人民共和国主席令第52号公布的《中华人民共和国义务教育法》（国务院提请审议）代替	被2008年1月15日发布的《国务院关于废止部分行政法规的决定》废止
11	中华人民共和国企业劳动争议处理条例	1993年7月6日国务院公布	被2007年12月29日中华人民共和国主席令第80号公布的《中华人民共和国劳动争议调解仲裁法》（全国人大常委会委员长会议提请审议）代替	被2011年1月8日发布的《国务院关于废止和修改部分行政法规的决定》废止
12	禁止证券欺诈行为暂行办法	1993年8月15日国务院批准，1993年9月2日国务院证券委员会公布	被2005年10月27日中华人民共和国主席令第43号公布的《中华人民共和国证券法》（全国人大财政经济委员会提请审议）代替	被2008年1月15日发布的《国务院关于废止部分行政法规的决定》废止
13	外商投资企业清算办法	1996年6月15日国务院批准，1996年7月9日对外贸易经济合作部令第2号公布	被2005年10月27日中华人民共和国主席令第42号公布的《中华人民共和国公司法》（国务院提请审议）代替	被2008年1月15日发布的《国务院关于废止部分行政法规的决定》废止

附件3

现行行政法规废止国务院部门规章的情形

序号	被废止的部门规章	公布机关及日期	废止方式
1	中华人民共和国企业所得税暂行条例实施细则	1994年2月4日财政部发布	被2007年12月6日发布的《中华人民共和国企业所得税法实施条例》废止
2	中华人民共和国海关关于进口货物原产地的暂行规定	1986年12月6日海关总署发布	被2004年9月3日发布的《中华人民共和国进出口货物原产地条例》废止
3	全国发票管理暂行办法	1986年8月19日财政部发布	被1993年12月23日发布的《中华人民共和国发票管理办法》废止
4	国有资产产权登记管理试行办法	1992年5月11日国家国有资产管理局、财政部、国家工商行政管理局发布	被1996年1月25日发布的《企业国有资产产权登记管理办法》废止
5	工人技术考核暂行条例（试行）	1983年4月25日原劳动人事部发布	被1990年7月12日发布的《工人考核条例》废止

第三编

政府立法用语规范化研究

现行法律、行政法规有关“机构”“机关”和“部门”表述情况的研究报告

李富成　吴春平

经梳理发现，现行法律、行政法规[1]对涉及的74个国务院部门（含中编办和直属事业单位），主要使用类似“国务院××行政主管部门”“国务院××主管部门”的典型部门名称表述方式，存在“机构”“机关”和“部门”并用、“一个部门、多个名称”以及“同类部门、多种表述”等问题。在表述部门名称时，究竟使用“机构”还是“部门”，有时还成为立法涉及的有关职能单位之间的争执焦点。为此，我们在梳理主要问题、辨析基本含义、归纳习惯做法的基础上，提出今后规范使用相关用语的建议。

一、主要问题

现行法律、行政法规有关“机构”“机关”和“部门”表述存在的主要问题如下：

① 统计截止时间为2015年7月。

（一）一个部门、多个名称

一个典型的国务院部门名称表述，即“国务院 ×× 行政主管部门”，在语法结构上可以划分为 4 个部分，即“国务院”+“××”+“行政主管”+“部门”。经梳理发现，现行法律、行政法规实际表述部门名称时，对每个部分都有多种方式。例如，第一个部分表述部门所属的行政层级，主要有“国务院”“国家”“中央”“中国”或者空白等 5 种；第二个部分表述部门所负责的领域事项，主要从部门主要职责或者事项管理责任两种角度，前者如“公安”“发展改革”，后者如“语言文字”“工业产品生产许可证”；第三个部分表述部门履行职责行为的主要特征，主要有“行政”“行政主管”“行政管理”“主管”“监督管理”“监督”“管理”“监管”“工作”“管理运营”或者空白等 11 种；第四个部分表述部门的单位类型，主要有“部门”“机构”或者“机关”等 3 种。这就导致“一个部门、多个名称”现象普遍。据统计，74 个部门中，除国办、国防部、国家民委、海关总署、安监总局、宗教局、法制办、台办、港澳办、新闻办、参事室、国资委、银监会、保监会、社保基金理事会、自然科学基金会、烟草局、外国专家局、公务员局、测绘地信局、煤矿安监局、密码局、中编办等 23 个部门只使用了 1 种名称表述方式外，大多数部门使用了 2 至 9 种表述方式，平均每个部门使用超过 3 种名称表述方式。发展改革委（18 种）、人力资源社会保障部（18 种）、农业部（15 种）、商务部（11 种）、质检总局（16 种）等 5 个部门，甚至使用 10 种以上表述方式。

在使用“机构”“机关”或者“部门”方面，对发展改革委、公安部、国家安全部、监察部、司法部、财政部、人力资源社会保障部、环境保护部、交通部、卫生计生委、审计署、国税总局、工商总局、外汇局等 14 个部门使用“部门”表述的同时，也使用了“机关”表述；对国管局、侨办、证监会、能源局等 4 个单位，在使用“部门”表述的同时，也使用了“机构”表述。

（二）同类部门、多种表述

国务院组成部门、直属机构、办事机构、直属事业单位、部委管理的国家局等各类机构都存在“同类部门、多种表述”的情况。例如，同为国务院组成部门，对大多数部门主要使用“部门”表述，对国家安全部、监察部、审计署则主要使用“机关”表述。同为国务院直属机构，对大多数部门主要使用“部门”表述，对国管局还使用了“机构”表述（管理机关事务工作的机构），对参事室则只使用“机构”表述（参事工作机构）。同为国务院办事机构，对多数单位使用全称，对法制办使用“机构”表述，对侨办同时使用“部门”“机构”表述。同为国务院直属事业单位，对大多数单位主要使用“机构”表述，对地震局只使用“部门”表述。同为国务院部委管理的国家局，对大多数国家局使用“部门”表述，对信访局、煤矿安监局、密码局使用“机构”表述，对能源局（涉电力管理职能）同时使用“部门”“机构”表述，对外汇局同时使用“部门”“机关”表述。

（三）对涉及党政军系统或者不同行政层级的单位名称表述多样化

对涉及党政军不同系统或者不同行政层级的单位名称进行表述

时，现行法律、行政法规使用“部门”“机构”表述多样化。例如，涉及党政军不同系统的单位时，公务员法用“部门”表述，作为人力资源社会保障部（公务员局）和中组部的统称（“中央公务员主管部门”）；军事设施保护法则使用“机构”表述，作为工业和信息化部与军队有关无线电管理职能单位的统称（“军地无线电管理机构”）。再如，涉及表述中央和地方主管部门时，电信条例、档案法对电信和档案的中央主管单位使用“部门”表述，对地方主管单位则使用“机构”表述；有的则反之，如气象法、防汛条例对气象的中央主管单位使用“机构”表述，对地方主管单位使用“部门”表述。航道法、邮政法、铁路安全管理条例等使用“部门”表述中央和地方有关主管单位的统称，而中外合资经营企业法实施条例则使用“机构”表述负责企业设立审批事项的中央和地方主管单位的统称。

二、含义辨析

从《辞海》上的基本含义看，“机构”“机关”和“部门”三者在指社会组织单位方面的含义既有区别，也有近似之处。“机构”和“机关”都有笼统地指各类工作或者办事机关、单位的意思，两者区别不明显。“机构”和“部门”都有指各类机关、单位的内部组织、组成部分的意思，其间也没有显著区别。

有关国家机关组织的法律制度对这三个词语的内涵外延未作统一界定。

一是“机构”和“机关”之间的实质区别不明显。例如，宪法第

3 条规定“中华人民共和国的国家机构实行民主集中制的原则”，第 27 条规定“一切国家机关实行精简的原则”，其中“国家机构”和“国家机关”含义等同。再如，宪法在第三章“国家机构”下专节规定国务院，明确国务院为最高国家行政机关，似把“机构”作为涵盖“机关”的上位概念，以“国家机构”统称各类“国家机关”。又如，《国务院行政机构设置和编制管理条例》规定：“国务院行政机构根据职能分为国务院办公厅、国务院组成部门、国务院直属机构、国务院办事机构、国务院组成部门管理的国家行政机构和国务院议事协调机构。”据此，国务院作为国家最高行政机关，下设各类国务院行政机构，又有以“机关”包含“机构”的意思。

二是“部门”的外延不统一。宪法和国务院组织法在规定各部、各委员会实行首长负责制及其职责时使用了“部门”表述，所指部门似限于国务院各部、各委员会。国务院行政机构设置和编制管理条例明确规定，国务院组成部门包括各部、各委员会、中国人民银行和审计署，比上述范围略大。立法法规定国务院各部、委员会、中国人民银行、审计署和具有行政管理职能的直属机构可以依法制定部门规章，所指“部门”范围更大。但是经梳理可见，现行法律、行政法规中实际使用“部门”表述的范围，比上述宪法、法律和行政法规所指的部门范围都大，涵盖了除直属特设机构外的所有国务院行政机构类型。

综上可以说，似难以将这三个词语的基本含义和法律用语的内涵外延，作为规范使用“机构”“机关”和“部门”表述的主要标准。

三、习惯用法

经全面梳理现行法律、行政法规可见，在部门名称中究竟使用“机构”“机关”，还是“部门”表述，主要决定于根据单位类型形成的表述习惯用法。因此，在总结这些相沿成习、比较统一的表述习惯用法基础上，提出在国务院部门名称中规范使用“机构”“机关”和“部门”表述的标准，较为妥当。

（一）对国务院组成部门、直属机构和部委管理的国家局，使用“部门”表述是主流

法律、行政法规对共计 54 个部门使用过“部门”表述，其中国务院组成部门、直属机构和部委管理的国家局 51 个（参见表 1），占使用过“部门”表述的国务院部门的 94%。这 51 个部门中，法律、行政法规对其只使用“部门”或者主要使用“部门”进行表述的，共有 46 个。由此可见，对国务院组成部门、直属机构和部委管理的国家局，使用“部门”表述是现行法律、行政法规的主流做法。

表 1　部门名称表述使用“部门”“机构”“机关”的总体情况

部门类别及其数量	使用“部门”的部门数量	使用“机构”的部门数量	使用“机关”的部门数量
国务院组成部门（25）	22	1	11
国务院直属机构（15）	13	2	2
国务院部委管理的国家局（19）	16	4	1

续表

部门类别及其数量	使用“部门”的部门数量	使用“机构”的部门数量	使用“机关”的部门数量
国务院直属特设机构（1）	0	1	0
国务院办事机构（5）	1	2	0
国务院直属事业单位（7）	2	6	0
其他（1）	0	0	1
总计（73）	54	16	15

注：按其官网表述，中编办不属于上述各类国务院机构，因此列入“其他”类型。

（二）使用“机关”表述的总体较少

除中编办外，没有部门只使用“机关”表述。如前所述，只有14个部门在使用“部门”表述的同时，也使用了“机关”表述。除“国务院监察机关”和“国务院审计机关”专指监察部、审计署外，使用“机关”表述的部门多不标明其所属的行政层级，主要用于指代全系统，如“审计机关”是对从审计署直至县审计局整个审计系统的统称。

“机关”的使用情形可以分为三类：一是法律、行政法规中使用频次较高且较统一的，如公安机关、国家安全机关、监察机关、审计机关、税务机关以及外汇管理机关等（参见表2）。二是法律、行政法规中使用频次为数不少，但对该部门同时使用“部门”的频次也较高，新近趋势则是使用“部门”后来居上。例如，“工商行政管理机关”“财政机关”分别逐渐让位于“工商行政管理部门”“财政部门”。三是较早时期的少数立法中使用“劳动行政机关”“卫生行政机关”“物价管理机关”等，虽然未作清理，但是在涉及该部门的新近立法中已不再使用。

表 2 部门名称表述中使用“机关”频次较高且较统一的情况

相关表述	涉及的现部门	涉及的法律数量	涉及的行政法规数量
公安机关	公安部	70	94
国家安全机关	国家安全部	17	12
监察机关	监察部	37	39
审计机关	审计署	22	42
税务机关	税务总局	15	39
外汇管理 / 主管机关	外汇管理局	6	3

（三）使用“机构”表述的，主要集中在国务院直属特设机构、办事机构和直属事业单位

这三类机构一般使用“国务院××机构”的表述。其中，对 7 家单位包括法制办、气象局、银监会、证监会、保监会、社会保障基金理事会、自然科学基金会等，法律、行政法规只使用“机构”表述，占此三类单位的绝大多数。除这三类单位外，还对个别直属机构和部委管理的国家局使用“机构”表述，包括参事室、国管局、信访局、煤矿安监局、密码局等 5 家。

需要说明的是，从“机构”既可指机关单位本级，又可指机关单位内部组织的基本含义出发，“机构”一词用于表述各类单位名称的弹性最大，可以涵盖党政军各系统、中央与地方各层级、行政管理部门与专业技术机构、单位本级及其下属机构、常设机构与临时机构等（部分情况参见表 3）。

表 3　其他使用“机构”表述的部分情况

使用“机构”表述的类型	法律、行政法规中的表述	所对应的部门及其单位
国务院部门内设机构	国务院公安部门消防机构	公安部消防局
	公安部出入境管理机构	公安部出入境管理局
	国家地名管理机构	民政部区划地名司
国务院部门派出机构	渔政监督管理机构	农业部黄渤海区渔政局、东海区渔政局、南海区渔政局
国务院部门所属事业单位	国家濒危物种进出口管理机构	国家林业局濒危物种进出口管理中心
国家层面的议事协调机构	负责妇女儿童工作的机构	国务院妇女儿童工作委员会
	负责老龄工作的机构	全国老龄工作委员会
承担跨部门协调机制有关工作的机构	国家消耗臭氧层物质进出口管理机构	环保总局、外经贸部和海关总署联合设立的国家消耗臭氧层物质进出口管理办公室
分别行使相关职能的多部门统称	国务院反垄断执法机构	商务部反垄断局、发展改革委价格监督检查司、工商总局反垄断与不正当竞争执法局

四、建　议

规范使用“机构”“机关”和“部门”表述，有利于促进法律语言的规范化，提升法律规范的严肃性。根据现行法律、行政法规使用“机构”“机关”和“部门”表述的主流习惯用法，对今后规范使用“机构”“机关”和“部门”表述，我们提出以下建议：

第一，对国务院组成部门、直属机构和部委管理的国家局，除有条件使用单位全称的外，原则上使用“部门”表述其名称。

第二，对国务院直属特设机构、办事机构和直属事业单位，宜统一使用“机构”表述机构属性。

第三，对监察部、审计署，依照宪法、监察法的表述使用“机关”，分别表述为“国务院审计机关”“国务院监察机关”。同时，根据较为统一的表述习惯，可以继续使用“公安机关”“国家安全机关”“监察机关”“审计机关”等指代上述有关部门的全系统。

第四，立法中涉及有关单位之间的职能争议或者需要笼统地指代党政军不同系统、中央和地方不同行政层级、行政管理部门与专业技术机构、单位本级及其下属机构等单位时，可以使用“机构”笼统地表述有关单位名称。

第五，将国务院部门名称表述作为今后法规审查的常规内容，严格审查把关。

附件

现行法律、行政法规中国务院部门名称表述情况梳理表

部门简称	表述类别	现有具体表述	涉及法律 / 法规数	最近使用的法律法规
国务院办公厅	部门	国务院办公厅	1/4	国徽法 1991—2009*

注：表中法规名称标注的年份为制定和修改年份。

续表

部门简称	表述类别	现有具体表述	涉及法律 / 法规数	最近使用的法律法规
外交部	部门	外交部	10/14	外国人入境出境管理条例 2013；出境入境管理法 2012
		外交部门（全系统）	1/0	护照法 2006
国防部	部门	国防部	1/0	兵役法 1984—2011
	机关	兵役机关（仅指地方有关职能单位）	5/0	兵役法 1984—2011
发展改革委	部门	国务院发展改革部门	1/10	航道法 2014—2016
		国务院发展改革主管部门	0/1	黄河水量调度条例 2006
		国务院经济综合宏观调控部门	4/0	固体废物污染环境防治法 1995—2016
		国务院经济发展综合管理部门	1/0	国防动员法 2010
		国务院经济综合主管部门	4/0	药品管理法 1984—2015
		国务院物价主管部门	1/3	烟草专卖法 1991—2015
		国务院物价行政主管部门	2/1	煤炭法 1996—2016
		国务院价格主管部门	12/34	商标法实施条例 2002—2014
		国务院物价管理部门	0/1	血液制品管理条例 1996—2016

续表

部门简称	表述类别	现有具体表述	涉及法律/法规数	最近使用的法律法规
发展改革委	部门	国务院价格行政部门	2/0	义务教育法 1986—2015
		国务院清洁生产综合协调部门	1/0	清洁生产促进法 2002—2012
		国务院循环经济发展综合管理部门	1/0	循环经济促进法 2008
		国务院节能工作主管部门	0/1	民用建筑节能条例 2008
		（国务院）投资主管部门	1/2	安全生产法 2002—2014
		国务院发展计划主管部门	2/0	水法 1988—2016
		国务院发展计划部门	1/2	退耕还林条例 2002—2016
		国务院计划部门	2/4	烟草专卖法 1991—2015
	机关	物价管理机关	0/2	广告管理条例 1987；价格管理条例 1987
教育部	部门	国务院教育行政部门	8/9	博物馆条例 2015
		国务院教育行政主管部门	1/1	出版管理条例 2001—2014
		国务院教育主管部门	3/2	出境入境管理法 2012
		国务院教育部门	1/1	清洁生产促进法 2002—2012

续表

部门简称	表述类别	现有具体表述	涉及法律/法规数	最近使用的法律法规
教育部	部门	国务院语言文字工作部门	1/0	国家通用语言文字法 2000
		国家教育委员会	0/10	征收教育费附加的暂行规定 1986—2011
科技部	部门	国务院科学技术行政部门	3/3	科学技术进步法 1993—2007
		国务院科学技术主管部门	0/1	国家自然科学基金条例 2007
		国务院科技主管部门	1/1	节约能源法 1997—2016
		（国务院）科技行政主管部门	1/0	种子法 2000—2015
		科技行政管理部门（仅指省级地方有关职能单位）	0/1	实验动物管理条例 1988—2017
		国家科学技术委员会	0/1	外国人来华登山管理办法 1991
工业和信息化部（国家航天局、国家原子能机构）	部门	国务院工业和信息化主管部门	0/3	无障碍环境建设条例 2012
		（国务院）工业和信息化部门	0/1	乳品质量安全监督管理条例 2008
		国务院工业主管部门	0/1	农业机械安全监督管理条例 2009—2016
		国务院信息产业主管部门	1/3	电信条例 2000—2016
		国务院通信主管部门	0/1	气象灾害防御条例 2010—2017

续表

部门简称	表述类别	现有具体表述	涉及法律/法规数	最近使用的法律法规
工业和信息化部（国家航天局、国家原子能机构）	部门	国务院工业产品许可管理部门（质检总局亦有此项职能）	0/1	农药管理条例 1997—2017
		国家机动车产品主管部门（质检总局亦有此项职能）	1/0	道路交通安全法 2003—2011
		汽车产品主管部门（质检总局亦有此项职能）	0/1	缺陷汽车产品召回管理条例 2012
		邮电部	0/4	计算机信息网络国际联网管理暂行规定 1996—1997
	机构	电信管理机构（仅指地方有关职能单位）	0/4	电信条例 2000—2016；外商投资电信企业管理规定 2001—2016
国家民委	部门	民族工作部门	0/1	国务院实施《中华人民共和国民族区域自治法》若干规定 2005
公安部	部门	国务院公安部门	14/19	海关法 1987—2017
		公安机关交通管理部门	3/9	机动车交通事故责任强制保险条例 2006—2016
		公安机关出入境管理部门	0/2	中国公民往来台湾地区管理办法 1991—2015
		公安机关（全系统）	70/94	不动产登记暂行条例 2014

续表

部门简称	表述类别	现有具体表述	涉及法律/法规数	最近使用的法律法规
公安部	机关	人民警察机关	1/0	人民警察法 1995—2012
		出境、入境管理机关	0/1	国境卫生检疫法实施细则 1989—2016
		出境管理机关	5/3	证券法 1998—2014
		出入境边防检查机关	1/1	外国人入境出境管理条例 2013
		公安消防监督机关	0/1	海上交通事故调查处理条例 1990
国家安全部	部门	国务院国家安全主管部门	1/0	反间谍法 2014
		国家安全部门	2/3	保守国家秘密法实施条例 2014
	机关	国家安全机关	17/12	反间谍法 2014
监察部	部门	监察部门	1/3	行政复议法实施条例 2007
	机关	国务院监察机关	1/2	行政监察法 1997—2010；行政机关公务员处分条例 2007；行政监察法实施条例 2004
		（行政）监察机关	37/39	政府采购法实施条例 2015
民政部	部门	国务院民政部门	2/20	医疗器械监督管理条例 2000—2014
司法部	部门	国务院司法行政部门	8/3	监狱法 1994—2012
	机关	司法行政主管机关	1/0	农业法 1993—2012
		监狱管理机关	4/0	国家赔偿法 1994—2012

续表

部门简称	表述类别	现有具体表述	涉及法律/法规数	最近使用的法律法规
财政部	部门	财政部	0/10	个人所得税法实施条例 1994—2011
		国务院财政部门	36/46	政府采购法实施条例 2015
		国务院财政主管部门	0/6	退耕还林条例 2002—2016
		国务院国有资产管理部门	0/4	探矿权采矿权转让管理办法 1998—2014；企业国有资产产权登记管理办法 1996
		国有资产管理行政主管部门	0/1	国有资产评估管理办法 1991
		政府采购监督管理部门	2/2	政府采购法 2002—2014
	机关	财政机关	3/5	税收征收管理法 1992—2015
人力资源社会保障部	部门	国务院人力资源和社会保障部门	1/0	安全生产法 2002—2014
		国务院人力资源社会保障主管部门	1/1	出境入境管理法 2012
		国务院人力资源社会保障行政部门	0/1	女职工劳动保护特别规定 2012
		人力资源行政主管部门	1/0	消防法 1998—2008
		中央事业单位人事综合管理部门	0/1	事业单位人事管理条例 2014
		国务院社会保险行政部门	2/1	军人保险法 2012

续表

部门简称	表述类别	现有具体表述	涉及法律/法规数	最近使用的法律法规
人力资源社会保障部	部门	国务院人事部门	0/4	护士条例 2008
		国务院人事行政部门	3/1	动物防疫法 1997—2015
		国务院劳动保障部门	0/3	职工带薪年休假条例 2007
		国务院劳动保障行政部门	1/5	职业病防治法 2001—2016
		国务院劳动行政部门	4/1	劳动合同法 2007—2012
		国务院劳动行政主管部门	1/2	矿山安全法 1992—2009
		国务院劳动和社会保障行政部门	1/0	民办教育促进法 2002—2016
		劳动部门	3/5	监狱法 1994—2012
		（国务院）劳动人事部门	0/4	高等教育自学考试暂行条例 1988—2014
		劳动部	0/4	国务院关于职工工作时间的规定 1995
		劳动人事部	0/5	关于实行技师聘任制的暂行规定 1987
	机关	劳动行政机关	0/1	劳动保险条例 1953
国土资源部	部门	国务院国土资源主管部门	1/6	不动产登记暂行条例 2014
		国土资源部门	0/1	气象灾害防御条例 2010—2017
		国务院地质矿产主管部门	1/7	探矿权采矿权转让管理办法 1998—2014
		国务院土地行政主管部门	2/3	土地管理法实施条例 1998—2014

续表

部门简称	表述类别	现有具体表述	涉及法律 / 法规数	最近使用的法律法规
环境保护部（国家核安全局）	部门	国务院环境保护主管部门	2/14	放射性同位素与射线装置安全和防护条例 2005—2014
		国务院环境保护行政主管部门	11/8	海洋环境保护法 1982—2017
		国务院核安全监管部门	0/2	放射性物品运输安全管理条例 2009
		国家核安全局	0/2	核材料管制条例 1987
	机关	环境保护主管机关	0/1	船舶和海上设施检验条例 1993
住房和城乡建设部	部门	国务院住房和城乡建设主管部门	0/1	无障碍环境建设条例 2012
		国务院住房城乡建设主管部门	0/3	城镇排水与污水处理条例 2013
		住房城乡建设部门	0/1	气象灾害防御条例 2010—2017
		国务院建设主管部门	2/8	安全生产许可证条例 2004—2014
		国务院建设行政主管部门	8/9	固体废物污染环境防治法 1995—2016
		国务院建设部门	0/1	戒毒条例 2011
		国务院城乡规划主管部门	1/0	城乡规划法 2007—2015
		国务院城市建设行政主管部门	0/4	城市绿化条例 1992—2017
		国务院工程建设主管部门	0/1	标准化法实施条例 1990—2017

续表

部门简称	表述类别	现有具体表述	涉及法律 / 法规数	最近使用的法律法规
交通运输部	部门	国务院交通运输主管部门	1/7	航道法 2014—2016
		国务院交通运输部门	0/2	长江三峡水利枢纽安全保卫条例 2013
		国务院交通行政主管部门	0/1	船舶登记条例 1994—2014
		国务院交通主管部门	4/9	港口法 2003—2017
		国家海事行政主管部门	1/0	海洋环境保护法 1982—2017
		道路管理部门	0/1	铁路安全管理条例 2013
		航道管理部门	0/2	铁路安全管理条例 2013
		公路管理部门	0/1	铁路安全管理条例 2013
	机关	交通主管机关	1/0	海关法 1987—2017
		海事事故主管机关	1/0	海事诉讼特别程序法 1999
	机构	国家海事管理机构	0/5	危险化学品安全管理条例 2002—2013；防治船舶污染海洋环境管理条例 2009—2017
		海事管理机构	6/9	航道法 2014—2016；港口法 2003—2017；国内水路运输管理条例 2012—2017

续表

部门简称	表述类别	现有具体表述	涉及法律/法规数	最近使用的法律法规
水利部	部门	国务院水行政主管部门	5/15	航道法 2014—2016
		国务院水利管理部门	1/0	水产资源繁殖保护条例 1979
		水利电力主管部门	0/1	航道管理条例 1987—2008
农业部	部门	农业部	0/5	保障措施条例 2001—2004
		国务院农业主管部门	0/4	麻醉药品和精神药品管理条例 2005—2016；机动车交通事故责任强制保险条例 2006—2012
		国务院农业行政主管部门	6/9	饲料和饲料添加剂管理条例 1999—2017
		国家渔业行政主管部门	1/0	海洋环境保护法 1982—2017
		国务院渔业行政主管部门	1/6	船员条例 2007—2017；渔业法 1986—2013
		国家渔政渔港监督管理部门	0/1	防止拆船污染环境管理条例 1988—2017
		农牧主管部门	0/1	畜禽规模养殖污染防治条例 2013
		国务院畜牧兽医主管部门	0/2	生猪屠宰管理条例 1997—2016
		国务院畜牧兽医行政主管部门	1/1	畜禽遗传资源进出境和对外合作研究利用审批办法 2008；畜牧法 2005—2015

续表

部门简称	表述类别	现有具体表述	涉及法律 / 法规数	最近使用的法律法规
农业部	部门	畜牧兽医部门	1/1	传染病防治法 2013
		国务院兽医主管部门	1/3	动物防疫法 1997—2015
		国务院草原行政主管部门	1/1	草原法 1985—2013
		国务院农业机械化主管部门	0/1	农业机械安全监督管理条例 2009—2016
		国务院乡镇企业行政管理部门	1/0	乡镇企业法 1996
		农民负担监督管理部门	0/1	农民承担费用和劳务管理条例 1991
商务部	部门	商务部	0/9	对外合作开采陆上石油资源条例 1993—2013；保障措施条例 2001—2004
		国务院商务主管部门	1/14	易制毒化学品管理条例 2005—2016；期货交易管理条例 2007—2017
		（国务院）商务部门	0/1	乳品质量安全监督管理条例 2008
		国务院经济贸易主管部门	0/1	建设工程质量管理条例 2000—2017
		国务院对外经济贸易主管部门	6/5	煤炭法 1996—2016；中外合作经营企业法 1988—2017
		国务院对外贸易经济合作主管部门	0/1	国际货物运输代理业管理规定 1995

续表

部门简称	表述类别	现有具体表述	涉及法律/法规数	最近使用的法律法规
商务部	部门	国务院对外贸易主管部门	3/3	放射性同位素与射线装置安全和防护条例 2005—2014
		国务院外经贸主管部门（简称）	0/4	技术进出口管理条例 2001—2011
		对外经济贸易部门	0/7	外资企业法实施细则 1990—2014
		国家经济贸易委员会	0/9	指导外商投资方向规定 2002
		对外贸易部	0/1	国务院关于管理外国企业常驻代表机构的暂行规定 1980
文化部	部门	国务院文化行政部门	0/3	音像制品管理条例 2001—2016
		国务院文化行政主管部门	0/1	公共文化体育设施条例 2003
		国家文化行政管理部门	1/0	文物保护法 1982—2015
		国务院文化主管部门	1/2	营业性演出管理条例 2005—2016；非物质文化遗产法 2011
卫生计生委	部门	国务院卫生计生主管部门	0/1	医疗器械监督管理条例 2000—2017
		国务院卫生行政部门	16/23	食品安全法 2009—2015
		国务院卫生主管部门	1/15	动物防疫法 1997—2015
		国务院计划生育行政部门	1/1	计划生育技术服务管理条例 2001—2004；人口与计划生育法 2001—2015

续表

部门简称	表述类别	现有具体表述	涉及法律 / 法规数	最近使用的法律法规
卫生计生委	部门	国务院人口和计划生育部门	0/1	流动人口计划生育工作条例 2009
		人口和计划生育主管部门	0/1	艾滋病防治条例 2006
		卫生部	0/4	学校卫生工作条例 1990
人民银行	部门	中国人民银行	9/44	立法法 2000—2015
		中央银行	2/1	审计法 1994—2006；中国人民银行法 1995—2003；
		国务院反洗钱行政主管部门	2/0	反洗钱法 2006
		国务院征信业监督管理部门	0/1	征信业管理条例 2013
审计署	部门	审计署	2/4	立法法 2000—2015；审计法 1994—2006
		国务院审计部门	2/0	预算法 1994—2014
	机关	国务院审计机关	1/0	人民银行法 1995—2003
		国家审计机关	1/0	证券法 1998—2014
		审计机关	22/42	存款保险条例 2015
国资委	机构	国务院国有资产监督管理机构	1/3	公司登记管理条例 1994—2016；企业国有资产法 2008
海关总署	部门	海关总署	6/29	放射性废物安全管理条例 2011
税务总局	部门	国家税务总局	0/11	税收征收管理法实施细则 2002—2016
		国务院税务主管部门	1/4	税收征收管理法 1992—2015

续表

部门简称	表述类别	现有具体表述	涉及法律 / 法规数	最近使用的法律法规
税务总局	部门	国务院税务部门	0/1	汶川地震灾后恢复重建条例 2008
		国家税务局（含中央和地方国税部门）	0/8	税收征收管理法 1992—2015
	机关	税务机关	15/39	税收征收管理法 1992—2015
工商总局	部门	国务院工商行政管理部门	2/16	广告法 1994—2015
		国家工商行政管理主管部门	1/0	中外合资经营企业法 1979—2016
		工商行政管理部门	52/96	广告法 1994—2015；存款保险条例 2015；消费者权益保护法 1993—2013
		工商行政部门	2/1	预防未成年人犯罪法 1999—2012
	机关	工商行政管理机关（全系统）	9/43	外资银行管理条例 2006—2014；政府采购法 2002—2014
		商标主管机关	0/1	商标法实施条例 2002—2014
质检总局	部门	国务院质量监督检验检疫部门	1/6	固体废物污染环境防治法 1995—2016
		国务院产品质量监督管理部门	3/3	建筑法 1997—2011
		国务院产品质量监督部门	3/2	电信条例 2000—2016
		国务院质量监督部门	1/1	食品安全法 2009—2015

续表

部门简称	表述类别	现有具体表述	涉及法律 / 法规数	最近使用的法律法规
质检总局	部门	国务院标准化行政主管部门	6/3	固体废物污染环境防治法 1995—2016；标准化法 1988—2017
		国务院标准化主管部门	3/4	校车安全管理条例 2012；统计法 1983—2009
		国务院标准化部门	1/0	清洁生产促进法 2002—2012
		（国务院）标准化管理部门	0/1	广告管理条例 1987
		国家标准化部门	0/1	工业产品质量责任条例 1986
		国务院计量行政部门	1/3	计量法 1985—2015
		国务院工业产品生产许可证主管部门	0/1	工业产品生产许可证管理条例 2005
		国务院特种设备安全监督管理部门	0/1	特种设备安全监察条例 2003—2009
		国家商检部门	2/1	进出口商品检验法 1989—2013
		国务院认证认可监督管理部门	2/3	医疗器械监督管理条例 2000—2017
		国家出入境检验检疫部门	1/3	食品安全法 2009—2015；医疗器械监督管理条例 2000—2014
		国家出入境检验检疫主管部门	0/1	放射性废物安全管理条例 2011

续表

部门简称	表述类别	现有具体表述	涉及法律/法规数	最近使用的法律法规
新闻出版广电总局（国家版权局）	部门	国务院广播电影电视行政部门	0/1	电影管理条例 2001
		国务院广播电视部门	1/0	国家通用语言文字法 2000
		国务院广播电视行政部门	0/1	广播电视管理条例 1997—2017
		广播电视行政管理部门（全系统）	0/2	有线电视管理暂行办法 1990—2011
		国务院出版行政部门	0/1	印刷业管理条例 2001—2017
		国务院出版行政主管部门	0/2	出版管理条例 2001—2016；音像制品管理条例 1994—2016
		国务院著作权行政管理部门	1/3	计算机软件保护条例 2001—2013；著作权法 1990—2010
体育总局	部门	（国务院）体育行政主管部门	1/1	枪支管理法 1996—2015
		国务院体育行政部门	0/1	体育法 1995—2016
		国务院体育主管部门	0/2	全民健身条例 2009—2016
安监总局	部门	国务院安全生产监督管理部门	3/9	安全生产法 2002—2014
食品药品监管总局	部门	国务院食品药品监督管理部门	1/3	食品安全法 2009—2015
		国家食品药品监督管理部门（仅指中央主管部门）	0/1	食品安全法实施条例 2009—2016

续表

部门简称	表述类别	现有具体表述	涉及法律 / 法规数	最近使用的法律法规
食品药品监管总局	部门	国务院药品监督管理部门	2/5	广告法 1994—2015；药品管理法 1984—2015
食品药品监管总局	部门	国务院药品生产经营行政主管部门	0/1	药品行政保护条例 1992
食品药品监管总局	部门	国家医药管理局	0/2	医疗用毒性药品管理办法 1988
统计局	部门	国家统计局	1/8	全国人口普查条例 2010
统计局	部门	国务院统计部门	1/3	对外劳务合作管理条例 2012；节约能源法 2007—2016
统计局	部门	统计部门（全系统）	3/9	草原法 1985—2013
林业局	部门	国务院林业主管部门	1/3	森林防火条例 1988—2008
林业局	部门	林业部门（全系统）	0/3	农业保险条例 2012—2016
知识产权局	部门	国务院知识产权行政部门	0/1	集成电路布图设计保护条例 2001
知识产权局	部门	国务院专利行政部门	1/1	专利法实施细则 2001—2010；专利法 1984—2008
知识产权局	机关	专利机关（仅指国外有关职能单位）	0/1	专利法实施细则 2001—2010
知识产权局	机关	管理专利工作的部门（省和设区的市级）	1/1	专利法实施细则 2001—2010；专利法 1984—2008

续表

部门简称	表述类别	现有具体表述	涉及法律/法规数	最近使用的法律法规
旅游局	部门	国务院旅游主管部门	1/0	旅游法 2013—2016
		国务院旅游行政主管部门	0/1	旅行社条例 2009—2017
		国务院旅游行政部门	0/2	中国公民出国旅游管理办法 2002—2017
宗教局	部门	国务院宗教事务部门	0/2	宗教事务条例 2004—2017
国管局	部门	国务院机关事务主管部门	0/1	机关事务管理条例 2012
		国务院机关事务管理局	0/1	土地管理法实施条例 1998—2014
	机构	管理机关事务工作的机构（全系统）	2/3	循环经济促进法 2008
参事室	机构	参事工作机构（全系统）	0/1	政府参事工作条例 2009
侨办	部门	侨务部门（全系统）	2/0	出境入境管理法 2012
	机构	负责侨务工作的机构（全系统）	1/1	归侨侨眷权益保护法 1990—2009
法制办	机构	国务院法制机构	1/2	立法法 2000—2015
台办	部门	国务院台湾事务办公室	0/1	台湾同胞投资保护法实施细则 1999
		台湾事务办事机构（仅指地方有关职能单位）	0/1	台湾同胞投资保护法实施细则 1999

续表

部门简称	表述类别	现有具体表述	涉及法律/法规数	最近使用的法律法规
港澳办	部门	国务院港澳办公室	0/1	进口影片管理办法 1981
新闻办	部门	国务院新闻办公室	0/1	外国常驻新闻机构和外国记者采访条例 2008
地震局	部门	国务院地震工作主管部门	1/4	地震监测管理条例 2004—2011；防震减灾法 1997—2008
		地震部门（全系统）	0/1	汶川地震灾后恢复重建条例 2008
气象局	部门	气象部门（仅指地方有关职能单位）	0/1	防汛条例 1991—2011
	机构	国务院气象主管机构	1/3	气象法 1999—2016
银监会	机构	国务院银行业监督管理机构	4/8	存款保险条例 2015；证券投资基金法 2003—2015
证监会	部门	证券期货监督管理部门（全系统）	1/0	刑法修正案 1999
		中国证券监督管理委员会	0/7	税收征收管理法实施细则 2002—2016
	机构	国务院证券监督管理机构	6/4	证券法 1998—2014；证券公司监督管理条例 2008—2014
保监会	机构	国务院保险监督管理机构	1/6	保险法 1995—2015
社保基金理事会	机构	全国社会保障基金管理运营机构	1/0	社会保险法 2010
自然科学基金会	机构	国务院自然科学基金管理机构	0/1	国家自然科学基金条例 2007

续表

部门简称	表述类别	现有具体表述	涉及法律 / 法规数	最近使用的法律法规
信访局	机构	信访工作机构	0/1	信访条例 2005
粮食局	部门	（国务院）粮食部门	0/1	农药管理条例 1997—2017
		粮食主管部门（含央省两级主管部门）	0/1	粮食风险基金管理暂行办法 1993
		国家粮食行政管理部门	0/2	粮食流通管理条例 2004—2016
能源局（原电监会并入）	部门	国务院能源主管部门	2/1	石油天然气管道保护法 2010
		国务院煤炭管理部门	1/0	煤炭法 1996—2016
		国务院电力管理部门	1/2	电力法 1995—2015
	机构	国家电力监管机构	3/0	可再生能源法 2005—2009
国防科工局	部门	国务院国防科技工业主管部门	0/5	军工关键设备设施管理条例 2011；武器装备质量管理条例 2010；武器装备科研生产许可管理条例 2008；民用爆炸物品安全管理条例 2006—2014；安全生产许可证条例 2004—2014
		国防科学技术工业委员会	0/2	核出口管制条例 1997—2006
烟草局	部门	国务院烟草专卖行政主管部门	1/0	烟草专卖法 1991—2015

续表

部门简称	表述类别	现有具体表述	涉及法律 / 法规数	最近使用的法律法规
外国专家局	部门	（国务院）外国专家主管部门	1/0	出境入境管理法 2012
公务员局	部门	中央公务员主管部门	1/1	公务员法 2005—2017
海洋局	部门	国务院海洋主管部门	1/1	海洋观测预报管理条例 2012
		国家海洋行政主管部门	2/1	环境保护法 1989—2014；海洋环境保护法 1982—2017
		国家海洋主管部门	0/1	防止海洋工程建设项目污染损害海洋环境管理条例 2006—2007
		国家海洋管理部门	0/1	防止拆船污染环境管理条例 1988—2017
测绘地理信息局	部门	国务院测绘行政主管部门	1/4	基础测绘条例 2009
铁路局	部门	国务院铁路主管部门	1/2	铁路交通事故应急救援和调查处理条例 2007—2012；麻醉药品和精神药品管理条例 2005—2016
		国务院铁路行业监督管理部门	0/1	铁路安全管理条例 2013
		铁路监管部门	0/2	危险化学品安全管理条例 2002—2013
		铁道部	0/2	铁路货物运输合同实施细则 1986—2011

续表

部门简称	表述类别	现有具体表述	涉及法律/法规数	最近使用的法律法规
民用航空局	部门	国务院民用航空主管部门	1/5	民用机场管理条例 2009
		（国务院）民航主管部门	0/1	放射性物品运输安全管理条例 2009
		中国民用航空总局	0/2	外国民用航空器飞行管理规则 1979
邮政局	部门	国务院邮政管理部门	1/1	放射性物品运输安全管理条例 2009
		国务院邮政主管部门	0/1	麻醉药品和精神药品管理条例 2005—2016
文物局	部门	国家文物局	0/2	水下文物保护管理条例 1989—2011；考古涉外工作管理办法 1991—2016
		国务院文物行政部门	1/0	文物保护法 1982—2015
		国务院文物行政主管部门	0/1	文物保护法实施条例 2003—2017
		国务院文物主管部门	0/2	历史文化名城名镇名村保护条例 2008—2017；长城保护条例 2006
		国家文物主管部门	0/1	博物馆条例 2015
		文物行政管理部门（仅指地方有关职能单位）	1/2	考古涉外工作管理办法 1991—2016；水下文物保护管理条例 1989—2011；拍卖法 1996—2015

续表

部门简称	表述类别	现有具体表述	涉及法律 / 法规数	最近使用的法律法规
中医药局	部门	国务院中医药管理部门	1/2	药品管理法 2001—2015；医疗器械监督管理条例 2000—2017；中医药条例 2003
		国家中医药管理局	0/1	医疗用毒性药品管理办法 1998
外汇管理局	部门	国务院外汇管理部门	0/1	外汇管理条例 1996—2008
	机关	国家外汇管理机关	4/2	个人所得税法 1980—2011；外资保险公司管理条例 2002—2016
		中国外汇管理机关	0/1	外资企业法实施细则 1990—2014
		国家外汇主管机关	2/0	民用航空法 1995—2017；海商法 1992
煤矿安全监察局	机构	国家煤矿安全监察机构	0/3	安全生产许可证条例 2004—2014；国务院关于预防煤矿生产安全事故的特别规定 2005—2013；煤矿安全监察条例 2000—2013
档案局（中央档案馆）	部门	国家档案行政管理部门	1/0	档案法 1987—2016
		国家档案管理部门	0/1	婚姻登记条例 2003
	机构	集中管理档案的文化事业机构（仅指地方有关职能单位）	1/0	档案法 1987—2016

续表

部门简称	表述类别	现有具体表述	涉及法律 / 法规数	最近使用的法律法规
保密局（中央保密办）	部门	国家保密行政管理部门	1/1	保守国家秘密法 1998—2010；保守国家秘密法实施条例 2014
		（国家）保密部门（全系统）	0/1	商用密码管理条例 1997
密码局（中央密码办）	机构	国家密码管理机构	1/1	电子签名法 2004—2015；商用密码管理条例 1999
中编办	机关	国务院机构编制管理机关	0/4	地方各级人民政府机构设置和编制管理条例 2007；公安机关组织管理条例 2006；事业单位登记管理暂行条例 1998—2004；社会团体登记管理条例 1998—2016

关于规范“参照”一词使用的研究报告

倪 娜

“参照”一词在法律、行政法规中常有使用，但如何理解和执行却存在不少争议。鉴于此，有必要对“参照”一词的规范使用进行系统研究。

一、“参照”及相近词含义分析

根据《现代汉语词典》的解释，“参照”指“参考并仿照（方法、经验等）”。法律法规中与“参照”含义相近的词还有以下几个：一是“按照”，意为依据、依照，比如《中华人民共和国药品管理法》第九条第一款规定：“药品生产企业必须按照国务院药品监督管理部门依据本法制定的《药品生产质量管理规范》组织生产……。”二是“依照”，表示遵循某种标准行事，比如《中华人民共和国药品管理法》第三十二条第一款规定：“药品必须符合国家药品标准。中药饮片依照本法第十条第二款的规定执行。”三是“比照”，是比较仿照的意思，比如《中华人民共和国海岛保护法》第五十六条规定：“低潮高地的保护及相关管理活动，比照本法有关规定执行。”除此以外，“比照”一词较多用在刑法领域。

从各词含义比较可以看出，“按照”“依照”具有强制性，“参照”“比照”具有选择性。我们理解，所谓的选择性，不是指参不参照（比不比照）都可以，而是指应当参照（比照）作出规定或者予以适用，但对如何参照（比照），不必强制统一，可具体情况具体分析。

二、法律、行政法规中使用“参照”一词的基本情况

经梳理，2001年1月1日至2013年12月31日间制定和修订的181部法律中，有商标法、劳动合同法、监狱法等40部使用了“参照”一词，占22%；341部行政法规中，有《铁路安全管理条例》《机动车交通事故责任强制保险条例》《农业保险条例》等87部使用了“参照”一词，占26%。参照的有关事项涉及面比较广，涵盖了生产经营、财政金融、社会管理、环境保护等许多领域。按照不同的标准，对“参照”一词的使用可以作不同的分类：

1. 以是否明确要求参照制定相关规范为标准。一是明确要求参照制定相关规范。据统计，40部法律中有8部采用了此种方式，占20%。比如，驻外外交人员法第四十七条规定：“驻外外交机构武官参照本法管理，具体办法由中央军事委员会制定。”87部行政法规中有20部采用了这种方式，占23%。《拘留所条例》第三十四条规定：“被公安机关依法给予行政强制措施性质拘留的人在拘留所执行拘押，应当与本条例第二条规定的被拘留人分别拘押，具体管理办法由国务院公安部门参照本条例规定。”二是没有明确要求参照制定相关规范。

据统计，40 部法律中有 32 部采用了此种方式，占 80%；87 部行政法规中有 67 部采用了这种方式，占 77%。有的制定了相关规范。比如，种子法第九十三条规定：“草种、烟草种、中药材种、食用菌菌种的种质资源管理和选育、生产经营、管理等活动，参照本法执行。”农业部就相应制定了《草种管理办法》和《食用菌菌种管理办法》。有的未制定相关规范，直接参照适用有关规定。比如，道路交通安全法第七十七条规定：“车辆在道路以外通行时发生的事故，公安机关交通管理部门接到报案的，参照本法有关规定办理。”有关部门就没有另行制定其他规范，实践中也是直接参照适用道路交通安全法的有关规定。

2. 以参照对象的明确程度为标准。一是笼统规定“参照本法 / 本条例”“参照……有关规定”等。据统计，40 部法律中有 16 部采用了此种方式，占 40%。比如，《中华人民共和国建筑法》第八十三条第一款规定：“省、自治区、直辖市人民政府确定的小型房屋建筑工程的建筑活动，参照本法执行。”《中华人民共和国禁毒法》第四十八条规定：“对于被解除强制隔离戒毒的人员，强制隔离戒毒的决定机关可以责令其接受不超过三年的社区康复。社区康复参照本法关于社区戒毒的规定实施。”87 部行政法规中有 51 部采用了这种方式，占 59%。比如，《自然灾害救助条例》第三十三条规定：“发生事故灾难、公共卫生事件、社会安全事件等突发事件，需要由县级以上人民政府民政部门开展生活救助的，参照本条例执行。”《企业国有资产监督管理暂行条例》第三十三条第二款规定：“地方人民政府国有资产监督管理机构代表本级人民政府向其所出资企业中的国有独资企业、国有独资公司派出监事会，参照《国有企业监事会暂行条例》的规定执行。”二是明确规定参照的具体条文、计算标准、工作方法等。据统计40部法律中有25部采用了此种方式，占62.5%。比如，《中华人民共和国村民委员会组织法》第十九条第一款规定："村民委员会成员出缺，可以由村民会议或者村民代表会议进行补选。补选程序参照本法第十五条的规定办理……"《中华人民共和国国防动员法》第五十三条规定："担负国防勤务的人员在执行勤务期间，继续享有原工作单位的工资、津贴和其他福利待遇；没有工作单位的，由当地县级人民政府参照民兵执行战备勤务的补贴标准给予补贴……"87部行政法规中有36部采用了这种方式，占41%。比如，《证券公司监督管理条例》第50条第1款规定："证券公司从事融资融券业务，应当与客户签订融资融券合同，并按照国务院证券监督管理机构的规定，以证券公司的名义在证券登记结算机构开立客户证券担保账户，在指定商业银行开立客户资金担保账户。客户资金担保账户内的资金应当参照本条例第五十七条的规定进行管理。"《医疗事故处理条例》第五十一条第二款规定："医疗事故造成患者死亡的，参加丧葬活动的患者的配偶和直系亲属所需交通费、误工费、住宿费，参照本条例第五十条的有关规定计算，计算费用的人数不超过2人。"

三、存在的主要问题

"参照"最突出的问题在于要求不够明确，导致实践中出现立法和执法困难。主要表现为：

1. 是否要制定相关规范不明确。比如，法律、行政法规规定"参照执行”时，有的制定了相关规范，有的直接适用有关规定。

2. 具体要参照哪些内容不明确。比如，法律、行政法规规定“参照本法 / 本条例”时，具体哪些规定可以参照不明确。

3. 在参照制定相关规范时，对于法律、行政法规中行政许可、行政处罚、行政强制等规定，是否可以参照作出规定存在争议。比如，《生猪屠宰管理条例》第三十二条规定：“省、自治区、直辖市人民政府确定实行定点屠宰的其他动物的屠宰管理办法，由省、自治区、直辖市根据本地区的实际情况，参照本条例制定。”有的地方政府对在拟制定的牛羊屠宰管理办法中，可否对牛羊屠宰参照生猪屠宰管理，规定定点屠宰行政许可、吊销有关证照等行政处罚以及相关行政强制措施，存有疑问。

4. 在参照适用有关规定时，对“参照”的理解有争议。有的认为，“参照”就是不执行；有的认为，可以执行，也可以不执行；还有的认为，一定要执行，但可以有灵活性。即使认为一定要执行，对如何参照执行也是争议很多。

四、完善“参照”一词使用规则的建议

一是建议在起草法律、行政法规草案时，尽量谨慎使用“参照”“比照”等词。对于某一问题如果能够作出明确规范的，建议直接作出规定或使用“按照”“依照”明确指定适用的有关规定；如果难以作出明确规范的，建议可考虑先不作规定，待研究清楚后再规定。

二是认为需要使用“参照”一词的，应对参照者和被参照者的关

联性、参照执行的可行性等进行具体论证。通过论证认为确实可以参照的，应对如何参照予以明确。对于参照制定相关规范的，应当明确制定主体、参照哪些规定等具体要求；对于直接参照适用的，应当明确参照哪些规定、何种标准和方法等具体要求。

三是基于“参照”制定相关规范时，应当严格遵守立法法、行政许可法、行政处罚法、行政强制法等规定，不得越权设定行政许可、行政处罚、行政强制等。

关于法律行政法规正文中“中华人民共和国”“中国”使用问题的研究报告

范文嘉

一、现行法律行政法规使用情况

我们对截至2012年5月20日我国现行有效的240部法律、716部行政法规的正文中“中国”“中华人民共和国”（作为专用名词组成部分的情况除外，比如中国共产党、中国人民解放军、中国注册会计师协会等）的使用情况作了统计分析，大致情况如下：

从是否使用、是否同时使用的角度看，有四种情形：“中华人民共和国”“中国”都没有使用的，法律有124部，行政法规有356部；只使用过“中国”一词的，法律有14部，行政法规有165部；只使用过“中华人民共和国”一词的，法律有78部，行政法规有160部；既使用了“中国”一词，又使用了“中华人民共和国”一词的，法律有24部，行政法规有35部。

从在正文句法中的成分看，主要有两种情形：一是作为定语修饰其他词语，比如“中国境内”“中华人民共和国领域内”“中国公民”“中华人民共和国国籍”“中国法律”等，这种情形占绝大多数；二是作为宾语，比如“同中华人民共和国签订协议”“外国人在中国境内就业的”等，这种情形比较少。

从作为定语修饰的对象看，主要修饰“境内”“境外”“境内外”“领域”“领域内”“领域外”“领空”“领海”“大陆架”“毗连区”“专属经济区”等词语（在法律中，“中华人民共和国”一词出现398次，涉及此类内容的有176次，“中国”一词出现149次，涉及此类内容的有73次；在行政法规中，“中华人民共和国”一词出现330次，涉及此类内容的有229次，“中国”一词出现347次，涉及此类内容的有139次)。除此之外，修饰的对象还有“公民、法人和其他组织”“法律”“政府”“法院”“仲裁机构”“国家安全”“社会公共利益”等。

二、两点认识

经研究，我们对现行法律行政法规中“中华人民共和国”“中国”的使用有两点初步认识：

一是使用无明显规律。这一特点集中反映在三方面：首先，同一类型法律行政法规中有的用“中华人民共和国”，有的用“中国”，有的二者兼用。例如，在有关税收的法律行政法规中，车船税法、《印花税暂行条例》《固定资产投资方向调节税暂行条例》《资源税暂行条例》《契税暂行条例》《车辆购置税暂行条例》使用的是“中华人民共和国”，个人所得税法使用的是“中国”，税收征收管理法、企业所得税法既使用了“中国”，又使用了“中华人民共和国”。其次，在一部法律行政法规中同时使用“中国”与“中华人民共和国”。这样的法律有24部，行政法规有35部。在这些法律行政法规中，多数是在第一次使用时用“中华人民共和国”，其余用“中国”，但也有例外情形。例如，《中华人民共和国境内外国人宗教活动管理规定》第一条和第十条使用了“中华人民共和国境内”，而第八条则使用了“中国境内”。再次，同一条款中两次以上使用时，有的用“中华人民共和国”，有的用“中国”，有的二者兼用。使用“中华人民共和国”者，如《涉外海洋科学研究管理规定》第十条规定：“中外合作在中华人民共和国内海、领海内进行海洋科学研究活动所获得的原始资料和样品，归中华人民共和国所有，参加合作研究的外方可以依照合同约定无偿使用”；使用“中国”者，如《中华人民共和国中外合资经营企业法实施条例》第二条规定：“依照《中外合资经营企业法》批准在中国境内设立的中外合资经营企业（以下简称合营企业）是中国的法人，受中国法律的管辖和保护”；二者兼用者，如《中华人民共和国国籍法》第二条规定：“中华人民共和国是统一的多民族的国家，各民族的人都具有中国国籍。”

二是法律行政法规中的“中华人民共和国”“中国”含义一般无实质区别，能使用“中国”之处，也可以使用“中华人民共和国”，反之亦然。“境内”“境外”“境内外”“领域”“领域内”“领域外”“领空”“领海”“大陆架”“毗连区”“专属经济区”“公民、法人和其他组织”“政府”“法院”“仲裁机构”“法律”“国家安全”“社会公共利益”等既有与“中华人民共和国”搭配情形，也有与“中国”搭配情形。例如，在法律中，“中华人民共和国境内”出现了72次，“中国境内”出现了63次；在行政法规中，“中华人民共和国境内”出现了164次，

“中国境内”出现了112次。

三、初步建议

从语义上讲，“中华人民共和国”与“中国”的含义不尽一致：“中华人民共和国”指的是1949年建立的社会主义中国；“中国”更多是一个历史地理概念，从历史的角度看，既有新中国，又有旧中国，从地理的角度看，不同时期中国的疆域也不完全相同。但是，在法律行政法规中使用的“中华人民共和国”和“中国”，通常都指1949年建立的社会主义中国。尽管如此，从立法技术的角度看，有必要对二者的使用作出要求，以规范立法活动，提高政府立法质量。我们经研究，建议对二者的使用提出如下原则要求：

一是正文中第一次使用“中华人民共和国”或者“中国”时，应当使用“中华人民共和国”一词。相对于“中华人民共和国”而言，“中国”是简称，在法律行政法规中宜使用全称；现行法律名称都用“中华人民共和国”，行政法规名称在使用国名时也用“中华人民共和国”。

二是正文中第二次以上出现时，可使用“中国”一词。这样，可以使法律行政法规更加简洁，特别是在一个条文中需要多次使用时更是如此。近年来制定、修订的一些法律行政法规，如道路交通安全法、社会保险法、《外资保险公司管理条例》等亦采取了这种模式。

三是法律行政法规涉及台湾地区事务以及调整对象涉及1949年前的中国时，宜使用“中国”一词。在这些情形下，“中华人民共和国”不能替代“中国”。例如，《反分裂国家法》《中国公民往来台湾地区管理办法》等法律行政法规中的“中国”就不宜替换为“中华人民共和国”,《地图编制出版管理条例》(已废止)中的“中国历史疆界”也不宜表述为“中华人民共和国历史疆界”。

关于法律、行政法规调整范围条文中“中华人民共和国”“中国”使用问题的研究报告

范文嘉　潘　波　倪　娜

一、基本情况

许多法律、行政法规在前三条中有一条文表述本法的调整范围。在调整范围条文中，有的使用了“中华人民共和国”一词，有的使用了“中国”一词。我们对截至2012年11月30日我国有效的242部法律、734部行政法规作了统计，共有65部法律、182部行政法规在调整范围条文中使用了“中华人民共和国”或者“中国”（其中，绝大多数都使用“中华人民共和国”），分别占全部法律的27%，占全部行政法规的25%。调整范围条文中使用“中华人民共和国”或者“中国”的主要有以下两种情况：

一是用来界定法律、行政法规适用的国内地域范围。多数表述为“中华人民共和国领域内”“中华人民共和国境内”或“中国境内”，比如建筑法第二条规定，“在中华人民共和国境内从事建筑活动，实施对建筑活动的监督管理，应当遵守本法”。除此之外还有约十余种

其他表述，比如“中华人民共和国领域和管辖的其他海域”“中华人民共和国的内水、滩涂、领海、专属经济区以及中华人民共和国管辖的一切其他海域”“中华人民共和国内水、领海、毗连区、专属经济区、大陆架以及中华人民共和国管辖的其他海域”“中华人民共和国沿海水域”“中华人民共和国港口和沿海水域”“中华人民共和国领海和内河”“中华人民共和国国际通航的港口、机场以及陆地边境和国界江河的口岸”“中华人民共和国长江水域及其港口”“中华人民共和国城市规划区国有土地”等。

二是法律、行政法规调整的法律关系具有涉外因素。主要包括行为有涉外因素和主体有涉外因素两种类型。行为有涉外因素是指行为可能发生在中华人民共和国领域外，比如反垄断法第二条规定：“中华人民共和国境内经济活动中的垄断行为，适用本法；中华人民共和国境外的垄断行为，对境内市场竞争产生排除、限制影响的，适用本法。”又如刑法第七条规定：“中华人民共和国公民在中华人民共和国领域外犯本法规定之罪的，适用本法，但是按本法规定的最高刑为三年以下有期徒刑的，可以不予追究。中华人民共和国国家工作人员和军人在中华人民共和国领域外犯本法规定之罪的，适用本法。”主体有涉外因素是指行为主体是外国国家或者外国人，前者如引渡法第二条规定：“对中华人民共和国和外国之间的引渡，依照本法进行。”后者如行政复议法第四十一条规定：“外国人、无国籍人、外国组织在中华人民共和国境内申请行政复议，适用本法。”又如个人所得税法第一条规定：“在中国境内有住所，或者无住所而在境内居住满一年的个人，从中国境内和境外取得的所得，依照本法规定缴纳个人所得税。”

二、初步分析

经研究，我们对法律、行政法规调整范围条文中“中华人民共和国”“中国”的使用有两点初步认识：

一是法律、行政法规调整的法律关系具有涉外因素的，确实有必要用“中华人民共和国”或者“中国”来明确调整范围。

二是法律、行政法规在界定国内地域范围时，多数情况下没有必要使用“中华人民共和国”或“中国”。这是因为我国是单一制国家，除非法律、行政法规中另有规定，全国人大及其常委会制定的法律和国务院制定的行政法规的效力及于我国主权管辖的全部领域，包括领陆、领水、领空（我国台湾地区、香港和澳门特别行政区不包括在内）。但是，调整范围涉及中华人民共和国管辖海域的，需要用“中华人民共和国”或“中国”来明确地域范围，这是因为“中华人民共和国管辖海域”可能包括领海之外的毗连区、专属经济区等，不属于中国领土，但中国对其有一定管辖权，所以应当保留“中华人民共和国”的表述以明确范围。

三、建　议

综上，我们对法律、行政法规调整范围条文中“中华人民共和国”“中国”的使用提出以下两点建议：

第一，大部分法律、行政法规的调整范围条文中可以省略“中华人民共和国领域内”“中华人民共和国境内”或“中国境内”等含有“中华人民共和国”“中国”的表述。

第二，两种情况下不能省略含有“中华人民共和国”或者“中国”的表述。一是法律、行政法规调整的法律关系具有涉外因素的，比如不宜将反垄断法第二条“中华人民共和国境内经济活动中的垄断行为，适用本法；中华人民共和国境外的垄断行为，对境内市场竞争产生排除、限制影响的，适用本法”中的“中华人民共和国”省略。二是调整范围涉及中华人民共和国管辖海域的，比如不宜将可再生能源法第三条“本法适用于中华人民共和国领域和管辖的其他海域”中的“中华人民共和国”相关表述省略。

说说“规划”

潘 波

现代社会结构的多元性和公共资源的有限性，使政府扮演着公共服务提供者、社会资源分配者、社会发展引导者等多重角色。为合理有效地配置资源，政府会针对专门问题提出具体目标和任务，引导经济社会发展，规划这种行政方式也应运而生，并日渐成为国家治理中的关键词。

一、什么是“规划”

古汉语中，“规”“画”“划”“规画”都有谋划、计划、筹谋的意思，如《三国志·蜀书·杨仪传》曰：“（诸葛）亮数出军，（杨）仪常规画分部，筹度粮谷。”在现代汉语中，“规画”一词仍在使用，但用得较少，取而代之的是“规划”。“规划”既可作为名词，又可作为动词。作为名词，有计划之意，指为工作或行动而预先拟定的内容和步骤，而且一般指比较全面、长远的计划。最为常见的形式就是党政机关制定发布的规划。

党政机关发布的规划主要有以下特征：一是目标和内容的前瞻性。

规划往往用来承载对未来发展目标的设定判断、任务的安排部署，发挥着“指南针”的作用，其前瞻性较为明显。二是过程与结果的双重性。规划文本与制定规划的行为是不同的，文本是制定行为的结果。研究规划必须考虑这个特性，从动态行为和静态结果两个方面进行分析，科学界定其性质。三是法律地位的非确定性。表现为不同形式、内容的规划具有不同法律地位。这种复杂性与非确定性，增加了将规划进行统一规范的难度。四是实施过程中的可变通性。规划作为“软法”的一种，在法的适用性上往往会表现出一种“松紧不一、强弱不等的法律效力”。因为规划在实施过程中，可能会面临诸多不可知的因素。有研究成果显示，与国外一些政府机关和政治家的规划、愿景、承诺等相比，我国党政机关发布的规划内容相对具体、可执行性较强，成效也更明显。正是通过制定规划并持之以恒地贯彻落实，确保了社会主义建设事业的航船朝着正确方向乘风破浪、不断前进。

二、与规划有关的几个概念

规划与纲要。在现代汉语中，纲要作为名词，为提纲、概要之意，指一本书、一个文件的主要、结构性、实质性内容的总结、概述和介绍。作为名词的规划和纲要在用法上有所区别。从对应的时间点来看，规划往往面向将来，纲要则既可以指向将来，也可以对应过去和现在，如“中国史纲要”。从所承载的内容来看，规划的内容可以全面丰富，也可以简明扼要，主要是提出任务和目标；而纲要的内容则相对具体，大多都既有任务又有措施，但以简明扼要为主要特征，发挥着提纲挈领的作用。从近些年党政机关发布的规划、纲要来看，这两个词的用法并没有明显差别，多数情况下是“混搭”使用的。在逻辑结构和内容上大体都包括指导思想、基本原则、主要目标、重点任务、具体措施等，如《国民经济和社会发展第十三个五年规划纲要》《法治政府建设实施纲要（2015—2020年）》。

规划与文件。规划通常以党政机关的文件为载体，但通过文件发布的还有通知、意见、讲话、纪要等多种公文形式，规划只是其中的一种。根据行政诉讼法以及最高人民法院的判例，行政机关制定的土地利用总体规划等属于具有普遍约束力的行政规范性文件。当事人可以针对行政机关根据规划作出的许可、处罚、强制等行为提起诉讼，同时要求法院一并审查规划的内容，但不能直接就规划本身起诉。

规划与立法。规划与立法都有引领方向、设定标准、规范行为的作用。但两者也有明显区别。在逻辑和内容上，立法规范一般采用“要件+法律效果”的假设命题模式，即设定事实要件，并规定相应的法律效果；而规划往往用“目的+部署安排”的模式，即针对具体事项设计目标，提出落实步骤和措施。在制定程序上，法律法规的立改废释要严格遵守立法法、《行政法规制定程序条例》的规定；而规划的制定则根据其类型、领域适用不同的程序规则，如制定城乡规划要按照城乡规划法规定的程序进行，“十三五”规划的编制则经历了广泛协商、大众参与、民主集中等过程。2017年6月向社会公布的《重大行政决策程序暂行条例（草案征求意见稿）》，将“编制经济和社会发展等方面的重要规划”列入重大行政决策事项的范围，要求其编制过程遵守相关规定。

三、规划的法律效力

规划直接关系党政机关工作部署的实施，也可能影响当事人的切身利益，如何界定其法律效力是一个重要问题。比较理想的办法是以承载内容的强制力为标准，分为强制性规划和非强制性规划两大类。

强制性规划。也称命令性、约束性规划，对其所涉及的对象具有约束力，并对有关主体的权利、义务和责任构成实质性影响。强制性规划既是人们行为的依据，也使人们对其持有合理的信赖和期待，有关内容的调整可能会产生法律责任问题。值得注意的是，作为“软法”的强制性规划，其约束力并非由其自身设定，而是依赖于法律、法规等“硬法”以国家强制力保障实施。在我国，此类规划主要集中在城乡建设领域。比如，《全国土地利用总体规划纲要（2006—2020年）》提出：“严禁擅自修改下级土地利用总体规划，扩大建设用地规模和改变建设用地布局，降低耕地保有量和基本农田保护面积”。其中的责任追究问题适用有关法律法规的规定，如土地管理法第七十六条，“对违反土地利用总体规划擅自将农用地改为建设用地的，限期拆除在非法占用的土地上新建的建筑物和其他设施。”

非强制性规划。又称指导性、建议性规划，其任务主要是宣布工作目标、任务部署，将有关信息传达给社会公众。此类规划对行政机关、社会公众、当事人都不具有强制力，也不涉及责任追究、权利救济等问题。比如，《国家中长期人才发展规划纲要（2010—2020年）》规定：“为积极应对国际科技竞争，提高自主创新能力，着眼于培养造就一批世界水平的科学家，在我国具有相对优势的科研领域设立100个科学家工作室；瞄准世界科技前沿和战略性新兴产业，每年重点支持和培养一批具有发展潜力的中青年科技创新领军人才”。当然，一部规划文本可能同时包含强制性和非强制性内容，其法律效力应结合实际情况作具体分析。

“督查”与其他监督检查类词语的使用区别

陶 杨　　程 浩

现行法律和文件中，用以表达监督检查或者监督察看的词语较多。除督查之外，较为常见的还有督促检查、督察、稽查、稽察、监督检查、督导等。这些词语一般都包含监督和检查的意思，其行为主体一般是行政机关，但是针对不同的对象，其监督检查的内容各有侧重，性质上也有较大差异。

一、“督查”与相关词语的词义考证

“督查”与督察、稽查、稽察、监督检查、督导等词语虽然意思较为相近，但考究其词义还是有区别的。

一是“督查”。我国古代汉语中没有“督查”一词。在字典里，“查”除了姓氏，仅用作动词，如检查、调查、查验、查访、查阅等。可以说，“督查”的用法是近些年来伴随着实践工作需要而产生的。结合《2015年国务院大督查情况通报》中关于“党中央、国务院高度重视加强督促检查、狠抓工作落实”的提法，以及《关于进一步加强政府督促检查工作的意见》中的类似表述，我们可以看出，“督查”实际上就是“督促检查”的简称。

二是“督察”。《新华字典》将“察”字解释为仔细看、调查研究。比如，察看、察核、观察。《说文解字》也提到，“察，复审也”。《现代汉语词典》中，“督察”除了指担任督察工作的人之外，当动词解释时，可以理解为监督察看之意。

三是“稽查”和“稽察”。“稽”有稽核、核查之意。“稽查”和“稽察”的词义较为相近，一般是指通过检查、盘查对凭证或账簿进行核对。有时，两者还可以相互通用。比如，《建设工程质量管理条例》第四十五条第一款规定：“国家发展计划部门按照国务院规定的职责，组织稽查特派员，对国家出资的重大建设项目实施监督检查。”而《国家重大建设项目稽察办法》第二条又规定：“对国家重大建设项目的监督，实行稽察特派员制度。国家重大建设项目稽察特派员由国家发展计划委员会派出，对国家重大建设项目的建设和管理进行稽察。”

四是“监督检查”。“监督”是察看并加以管理的意思，是对现场或某一特定环节、过程进行监视和管理，使其结果能达到预定目标。“检查”是指查看、查考。“监督检查”就是通过查看、查考等方式加以管理。

五是“督导”。“督”有监督、督办之意；“导”是引导、指导的意思。因此，“督导”是“监督指导”的简称。

二、“督查”和其他监督检查类词语的使用区别

督查（督促检查）与督察、稽查、稽察、监督检查、督导等词语

都有通过核实、查看、询问、听取汇报等方式进行监督和检查的意思。因为词义相近，所以会出现混用、用法随意等现象。但是，通过研究可以发现这些词语表达的含义各有侧重。从性质上分，可归为以下几类：

（一）监督检查、稽察等行政机关外部监督管理行为

1. 监督检查。监督检查既可以用于一类行为的统称，指行政机关通过检查、检验等方式进行监督和管理的行为，也可以单独作为行政机关外部监督管理的一种具体方式。当作为统称使用时，监督检查一般是指行政机关的一种外部行政管理行为，是行政机关依法对其监管领域和范围内的行政相对人是否守法开展的监督和检查活动，是行政机关履行行政监管职责、防范和制止违法行为的一种重要方式，目的是为了促使行政相对人依法正确行使权利和履行义务。当作为一种具体的外部监督管理方式时，监督检查与检查、查验、检验等词语含义相近。比如，《中华人民共和国动物防疫法》第二十条第三款规定："经营动物、动物产品的集贸市场应当具备国务院兽医主管部门规定的动物防疫条件，并接受动物卫生监督机构的监督检查。"

监督检查一般是用于外部行政管理行为，但也有个别法律将监督检查用于上级行政机关对下级行政机关执法行为的监督管理。比如，《中华人民共和国价格管理条例》第二十条规定："各级物价部门的物价检查机构，依法行使价格监督检查和处理价格违法行为的职权。对同级人民政府业务主管部门、下级人民政府以及本地区内的企业、事业单位和个体工商户执行价格法规、政策进行监督检查。"《中华人民

共和国传染病防治法》第五十三条规定，“县级以上人民政府卫生行政部门对传染病防治工作履行下列监督检查职责：(一) 对下级人民政府卫生行政部门履行本法规定的传染病防治职责进行监督检查……”。

还有少数规范性文件将监督检查用于对法律法规贯彻落实情况的监督。比如，《国家卫生计生委办公厅关于开展〈职业病防治法〉等法律法规落实情况监督检查工作的通知》将“《职业病防治法》《放射性同位素与射线装置安全和防护条例》《职业病诊断与鉴定管理办法》《职业健康检查管理办法》《放射诊疗管理规定》的落实情况”作为监督检查的主要内容。

2. 稽察。稽察一般用于行政机关对行政相对人经济活动的监督检查，特别是涉及对建设项目和资金使用的监督。比如，《水利基本建设项目稽察暂行办法》第二条规定：“水利基本建设项目稽察的基本任务是对水利工程建设活动全过程进行监督检查。”

除监督检查和稽察之外，核查、查验、检验、巡查等也是行政机关常用的对行政相对人进行监督和管理的方式。

（二）督查、督察等行政机关内部监督管理行为

1. 督查。督查是督促检查的简称，一般用于行政机关为推动重大决策和重要工作部署的贯彻落实而在体系内开展的督促检查。从性质上看，是行政机关依据职权、隶属关系或法律授权进行的一项内部监督管理活动。比如，《国家税务总局关于印发〈系统督查管理办法〉的通知》第三条规定：“系统督查是指为保证党中央和国务院重大决策部署、税务总局重要工作安排的落实及热点难点问题的解决，采取适

当方式，对下级税务机关进行督促检查。”《农业部督促检查工作管理办法》第二条规定：“农业部督促检查工作是指对重大决策、重要工作部署、重要会议议定事项、领导同志重要批示和其他交办事项的贯彻落实和办理情况进行督促检查。”

也有一些已经失效的法律法规将督查用于外部行政管理行为的。比如，已经失效的《国家经贸委重点项目督查办法》第三条规定：“项目督查的主要任务是督查项目执行单位对已经批准的项目方案、协议的实施情况，重点技术改造、债转股、兼并破产政策的落实情况，项目管理和资金使用情况。”已经失效的《国有森林资源资产管理督查的实施办法（试行）》第六条规定：“国家国有资产管理局与林业部联合设立的国有森林资源资产督查委员会，对林业企、事业单位和企业集团的国有森林资源资产行使监督、检查、评价的职能。”

2. 督察。督察主要是用作上级行政机关对下级行政机关及其工作人员履行职责的行为进行的监督和察看。比如，《税收执法督察规则》第三条规定：“本规则所称税收执法督察（以下简称执法督察），是指县以上（含县）各级税务机关对本级税务机关内设机构、直属机构、派出机构或者下级税务机关的税收执法行为实施检查和处理的行政监督。”《海洋督察工作管理规定》《渔业行政执法督察规定（试行）》《司法部关于加强警务督察工作的意见》中也有类似规定。

但是，也有少数规范性文件将督察用于行政机关的外部监督管理行为。比如，《国家文物局关于开展古城保护中文物违法与消防安全专项督察工作的通知》中规定：“集中力量对古城保护中存在的拆古建新、拆真建假、火灾多发等情况进行督察，纠正一批文物违法违规行为，提升文物消防安全水平。”

总之，督查和督察一般用于行政机关的内部监督管理行为，有监督、察看、督促的意思，是内容和含义较为相近的两个词语。但在具体使用中，两者表达的意思各有侧重。督查侧重于动作和过程，出发点和落脚点在于促进工作开展、任务落实。比如，《国务院办公厅关于进一步加强政府督促检查工作的意见》规定：“督促检查工作的主要任务是，推动党和政府重大决策部署的贯彻落实。”《中华人民共和国国家安全法》第四十六条规定：“国家建立国家安全工作督促检查和责任追究机制，确保国家安全战略和重大部署贯彻落实。”《中共中央办公厅、国务院办公厅印发〈关于2016年上半年贯彻执行中央八项规定情况的报告〉的通知》（厅字［2016］24号）中规定：“进一步强化督促检查和执纪问责。制定出台《中国共产党督促检查工作条例》，健全常态化督查工作机制，综合运用多种方式加强对中央重大决策部署督促落实。”由此可见，督查的重点是解决“做与不做”的问题。督察重点在于对行为的复审，目的在于提醒、敦促有关单位和人员遵纪守法。比如，《公安机关督察条例》第二条规定，“公安部督察委员会领导全国公安机关的督察工作，负责对公安部所属单位和下级公安机关及其人民警察依法履行职责、行使职权和遵守纪律的情况进行监督。”由此可见，督察的重点是解决“做得合法与否”“做得好与不好”的问题。

当然，也有单独使用督查或者督察来同时表示对行政机关决策和工作落实情况监督以及对行政机关违法履行职责的行为进行监督这两种含义的。比如，《文化部关于对文化市场政策落实和行政审批规范化情况开展督查的通知》规定，督查主要包括两方面的内容：“一是督查各地贯彻落实党的十八大以来文化部出台的文化市场政策措施的情况；二是督查文化市场行政审批规范化情况。”

（三）督导、稽查等行政机关外部监督管理和内部监督管理并用的行为

1. 督导。督导既可用于行政机关外部监督管理行为，也可用作行政机关内部监督管理行为，是监督指导的意思。比如，《教育督导条例》第二条规定：“教育督导包括以下内容：（一）县级以上人民政府对下级人民政府落实教育法律、法规、规章和国家教育方针、政策的督导；（二）县级以上地方人民政府对本行政区域内的学校和其他教育机构（以下统称学校）教育教学工作的督导。”这里的督导既包括行政机关对行政相对人（学校和其他教育机构）的监督指导，也包括行政机关上下级之间的内部监督指导。《国务院安委会办公室关于开展安全生产调研督导的通知》（安委办明电〔2010〕17号）中规定的督导内容既包括地方政府及其各有关部门安全监管职责落实情况，也包括各类企业安全生产主体责任落实情况。

2. 稽查。稽查既可用于行政机关外部监督管理行为，也可用作行政机关内部监督管理行为。在用于外部监督管理行为时，稽查与检查、核查的意思相近。比如，《中华人民共和国海关稽查条例》第二条规定：“本条例所称海关稽查，是指海关自进出口货物放行之日起3年内或者在保税货物、减免税进口货物的海关监管期限内及其后的3年内，对与进出口货物直接有关的企业、单位的会计账簿、会计凭证、报关

单证以及其他有关资料（以下统称账簿、单证等有关资料）和有关进出口货物进行核查，监督其进出口活动的真实性和合法性。”《住房和城乡建设部关于加强稽查执法工作的若干意见》中直接把稽查定位为行政执法行为，是对违法违规行为进行稽核调查、检查处理的活动，是住房城乡建设行政执法和行政监督的重要内容。与此相类似的用法还出现在《中华人民共和国税收征收管理法实施细则》《建筑市场稽查暂行办法》等规定中。

在用于行政机关内部监督管理行为时，稽查与督察的意思相近，是指上级行政机关对下级行政机关的行政执法活动进行的监督和检查。比如，《卫生监督稽查工作规范》第二条规定：“本规范所称卫生监督稽查是指卫生监督机构对其内部及下级卫生监督机构及其卫生监督员在卫生行政执法活动中依法履行职责、行使职权和遵守纪律情况进行的监督和检查活动。”《排污费征收工作稽查办法》第二条规定：“排污费征收稽查，是指上级环境保护行政主管部门对下级环境保护行政主管部门排污费征收行为进行监督、检查和处理的活动。”

三、法律和有关文件中规定的督查主要事项

通过以上研究可以发现，督查主要用于行政机关内部监督管理行为。与同为行政机关内部监督管理行为的督察相比，督查更加侧重于对重大决策部署和重要工作任务落实情况的督促和检查，目的是为了督促行政机关积极落实政策、完成工作任务。目前，在法律和有关文件中，督查主要包含以下几个方面的事项：

一是法律法规规章和规范性文件的贯彻落实情况。比如，《文化部、新闻出版广电总局、体育总局办公厅关于开展〈关于加快构建现代公共文化服务体系的意见〉2015年贯彻落实情况督查工作的通知》将“检查《关于加快构建现代公共文化服务体系的意见》出台以来各地贯彻落实情况以及各项重点工作完成情况”作为督查的重要内容。

二是政府工作报告中确定任务的完成情况。比如，《国务院关于对稳增长促改革调结构惠民生政策措施落实情况开展全面督查的通知》规定了这次督查的主要内容是：“《政府工作报告》部署的2014年重点工作和去年下半年以来国务院出台的稳增长、促改革、调结构、惠民生各项政策措施落实情况。”

三是政府及其部门会议决定事项的贯彻落实情况。比如，《农业部办公厅关于开展水产品质量安全监管与执法交叉督查工作的通知》将“全国水产品质量安全监管工作会议精神贯彻落实情况”作为督查的主要内容。

四是政府及其部门领导人员批示指示事项的办理落实情况。比如，《国务院安委会关于安全生产重点工作专项督查和整治情况的通报》规定：“为深入贯彻落实习近平总书记、李克强总理等中央领导同志关于加强安全生产工作的一系列重要批示指示精神，国务院安委会去年以来组织开展了安全生产重点工作专项督查和油气输送管线及城市燃气、隧道交通、煤矿、危险化学品、尾矿库等专项整治。”

五是人大代表建议和政协委员提案的办理情况。比如，《全国税务机关督促检查工作办法》第七条规定督查工作范围包括：“各级人大代表建议和政协委员提案的办理情况。”

公务员及其有关概念浅说

潘　波

一、公务员

公务员。我国于1993年开始实行国家公务员制度。根据2005年颁布的公务员法，公务员是指依法履行公职、纳入国家行政编制、由国家财政负担工资福利的工作人员。这些人员包括中国共产党机关、人大机关、行政机关、政协机关、审判机关、检察机关、民主党派机关的工作人员。目前，全国公务员规模约为719万人。

聘任制公务员。公务员法第九十五条规定："机关根据工作需要，经省级以上公务员主管部门批准，可以对专业性较强的职位和辅助性职位实行聘任制。"近年来，一些地区推行聘任制公务员制度，主要目的是满足党政机关吸引和使用优秀人才的需求，提高公务员队伍专业化水平。根据2017年9月中办、国办印发的《聘任制公务员管理规定（试行）》，聘任制公务员是指以合同形式聘任、依法履行公职、纳入国家行政编制、由国家财政负担工资福利的工作人员。

参照公务员法管理的事业单位工作人员。根据公务员法第一百零六条“法律、法规授权的具有公共事务管理职能的事业单位中除工勤人员以外的工作人员，经批准参照本法进行管理”的规定，部分事业单位工作人员经批准登记参照公务员法进行管理。目前此类人员约 114 万人。

二、国家工作人员和国家机关工作人员

国家工作人员。1979 年刑法使用了“国家工作人员”的概念。1982 年宪法第二十七条规定：“一切国家机关和国家工作人员必须依靠人民的支持。”虽然学术界对“国家工作人员”的范围还没有统一定论，但该概念一直沿用至今。1997 年修订的刑法第九十三条规定：“国家工作人员即国家机关中从事公务的人员。国有公司、企业、事业单位、人民团体中从事公务的人员和国家机关、国有公司、企业、事业单位委派到非国有公司、企业、事业单位、社会团体从事公务的人员，以及其他依照法律从事公务的人员，以国家工作人员论。”根据有关司法解释，“其他依照法律从事公务的人员”应当具备两个特征：一是在特定条件下行使国家管理职能，二是依照法律规定从事公务。此类人员具体包括：依法履行职责的各级人民代表大会代表，依法履行审判职责的人民陪审员，协助乡镇人民政府、街道办事处从事行政管理工作的村民委员会、居民委员会等农村和城市基层组织人员，其他由法律授权从事公务的人员。

国家机关工作人员。国家机关包括中国共产党机关、人大机关、行政机关、政协机关、监察机关、审判机关、检察机关、民主党派机

关。国家机关工作人员，是指在上述机关中履行公职的人员，包括公务员和其他工作人员。1954 年宪法最早使用“国家机关工作人员”一词。根据有关司法解释，在依照法律、法规规定行使国家行政管理职权的组织中从事公务的人员，或者在受国家机关委托代表国家行使职权的组织中从事公务的人员，或者虽未列入国家机关人员编制但在国家机关中从事公务的人员，在司法实践中都可以被视为国家机关工作人员。

三、其他几个概念

干部。该词的含义源于日文中的汉字词，意为“在一个组织中担任管理和领导职能的人”。1922 年中共第二次全国代表大会制定的党章首次使用了“干部”一词，这个概念在 1949 年后继续沿用。在日常生活中，“干部”是一个用途广泛的概念，其范围不仅包括各类国家机关工作人员，还包括人民团体工作人员、企事业单位的管理人员和各种专业技术人员。此外，还有“村干部”“班干部”等用法。在很长一段时间里，服务于国有机关单位的“国家干部”又被分为“党政干部”和“专业技术干部”，代指党政机关、事业单位有行政或事业编制身份的工作人员，以及在国有企业从事管理、科研、技术或多数时间从事脑力劳动的人员。随着我国公务员制度以及有关人事制度的改革，以“干部”来统称服务于机关单位的工作人员，已经难以反映实际情况。

公务人员。公务人员是以所承担的工作任务为标准，强调从事“公务”的职责。一般是指代表国家机关、国有公司、企业事业单位、人民团体等履行组织、领导、监督、管理等职责，主要表现为与国家权力相联系的公共事务以及监督、管理国有财产的职务活动。在机关单位里不具备国家权力运行因素的劳务、服务、技术等工作，一般不被认为是公务。1949 年《中国人民政治协商会议共同纲领》第十九条使用了“公务人员”一词，但此后我国法律法规很少用这个词，只是一些地方印发的文件中使用过该词，如 2003 年某市委、市政府联合印发的《关于公务人员职务（岗位）过错责任追究的办法（试行)》。

财政供养人员。一般指履行公共管理和服务职能，由财政资金支付和保障办公经费、个人薪酬及福利待遇的人员。这个范围不包括由财政支付生活费用的军属烈属等优抚人员，以及获得财政资金救济的贫困群体。广义上的财政供养人员包括公务员，事业单位工作人员，解放军指战员、武警官兵，以及已经离退休并由国家财政保障生活的上述人员；狭义上的范围只包括在职的公务员和事业单位工作人员。近年来也有学者认为，以财政资金聘用的、没有行政或者事业编制身份的执法辅助人员、社区工作者、“大学生村官”等群体实际上也是财政供养人员的组成部分。

事业单位工作人员。根据《事业单位登记管理暂行条例》，事业单位是指国家为了社会公益目的，由国家机关举办或者其他组织利用国有资产举办的，从事教育、科技、文化、卫生等活动的社会服务组织。传统意义上的事业单位工作人员，指在事业单位工作、拥有事业编制身份的人员，目前约有 3000 余万人。近年来，越来越多的事业单位推行岗位管理制度，在事业编制之外通过合同方式聘用工作人员成为常态。

从概念确立的标准来看，“干部”强调的是身份，“公务员”“公务人员”强调职责任务，“国家工作人员”“国家机关工作人员”“事业单位工作人员”强调任职机构及其国有性质，“财政供养人员”强调的则是经费来源。除“财政供养人员”外，其他几个词都先后成为法律概念，但“干部”“公务人员”用的次数极少，法律法规上常用的是“国家工作人员”。当然，这些概念的范围在很多情况下都存在重合的可能，这里以基层群众自治组织成员为例。他们一般被称为“居委会干部”“村干部”，其工作获得的报酬部分或全部由财政资金支付。但根据城市居民委员会组织法第十七条和村民委员会组织法第六条规定，居委会、村委会成员领取的分别是“生活补贴费”和“补贴”，可见此类人员不在我们所理解的财政供养人员范围之内。根据刑法九十三条及有关司法解释，在一定情况下，居委会、村委会成员可以被认定为“国家工作人员”，适用刑法中贪污罪、受贿罪、挪用公款罪等追责条款。

图书在版编目（CIP）数据

政府立法共同性问题研究 / 李明征主编. —北京：中国法制出版社，2018.3
ISBN 978-7-5093-9365-9

Ⅰ. ①政… Ⅱ. ①李… Ⅲ. ①立法–法的理论–研究–中国 Ⅳ. ①D920.0

中国版本图书馆CIP数据核字（2018）第051653号

责任编辑：马　颖　　封面设计：周黎明

政府立法共同性问题研究

ZHENGFU LIFA GONGTONGXING WENTI YANJIU

主编 / 李明征

经销 / 新华书店

印刷 / 北京京华虎彩印刷有限公司

开本 / 710毫米 × 1000毫米　16开　　印张 / 15.25　字数 / 168千

版次 / 2018年3月第1版　　2018年3月第1次印刷

中国法制出版社出版

书号ISBN 978-7-5093-9365-9　　定价：59.00元

北京西单横二条2号　邮政编码100031　　传真：010-66031119

网址：**http://www.zgfzs.com**　　编辑部电话：**010-66034242**

市场营销部电话：**010-66033393**　　邮购部电话：**010-66033288**

（如有印装质量问题，请与本社印务部联系调换。电话：010-66032926）